【五方杂处 追根溯源】

南通移民史话

NANTONG YIMIN SHIHUA

何循真 朱国诚

 苏州大学出版社
Soochow University Press

图书在版编目（CIP）数据

南通移民史话 / 何循真，朱国建著. — 苏州：苏州大学出版社，2020.11
（江海文化丛书 / 姜光斗主编）
ISBN 978-7-5672-3328-7

Ⅰ.①南… Ⅱ.①何… ②朱… Ⅲ.①移民—历史—南通 Ⅳ.①D69

中国版本图书馆CIP数据核字（2020）第209484号

书　　名	南通移民史话
著　　者	何循真　朱国建
责任编辑	张　芳
出版发行	苏州大学出版社
	（苏州市十梓街1号　215006）
印　　刷	南通超力彩色印刷有限公司
网　　址	www.sudapress.com
邮　　箱	sdcbs@suda.edu.cn
开　　本	890mm×1240mm　1/32
印　　张	8.5
字　　数	213千
版　　次	2020年11月第1版
	2020年11月第1次印刷
书　　号	ISBN 978-7-5672-3328-7
定　　价	38.00元

苏州大学版图书若有印装错误，本社负责调换
苏州大学出版社营销部　电话：0512-67481020

"江海文化丛书"编辑委员会

主　任：周剑浩
委　员：李明勋　姜光斗　李　炎　季金虎
　　　　施景铃　沈启鹏　周建忠　尤世玮
　　　　徐国祥　胡泓石　沈玉成　黄建辉
　　　　陈国强　赵明远　王加福　房　健

总　　编：尤世玮
副总编：沈玉成　胡泓石

"江海文化丛书"总序

李 炎

由南通市江海文化研究会编纂的"江海文化丛书"(以下简称"丛书"),从2007年启动,2010年开始分批出版,兀兀穷年,终有所获。思前想后,感慨良多。

我想,作为公开出版物,这套"丛书"面向的不仅是南通的读者,必然还会有国内其他地区甚至国外的读者。因此,简要地介绍南通市及江海文化的情况,显得十分必要,这样便于了解南通的市情及其江海文化形成的自然环境、社会条件和历史过程;同时,出版这套"丛书"的指导思想、选题原则和编写体例,一定也是广大读者所关心的,因此,介绍有关背景情况,将有助于阅读和使用这套"丛书"。

南通市位于江苏省中东部,濒江(长江)临海(黄海),三面环水,形同半岛;背靠苏北腹地,隔江与上海、苏州相望。南通以其独特的区位优势及人文特点,被列为我国最早对外开放的14个沿海港口城市之一。

南通市所处的这块冲积平原,是由于泥沙的沉积和潮汐的推动而由西北向东南逐步形成的,俗称江海平原,是一片古老而又年轻的土地。境内的海安县沙岗乡青墩新石器文化遗址告诉我们,距今5 600年左右,就有先民在此生息繁衍；而境内启东市的成陆历史仅300多年，设县治不过80余年。在漫长的历史过程中，这里有沧海桑田的变化，有八方移民的杂处；有四季分明、雨水充沛的"天时"，有产盐、植棉的"地利"，更有一代代先民和谐共存、自强不息的"人和"。19世纪末20世纪初，这里成为我国实现早期现代化的重要城市。晚清状元张謇办实业、办教育、办慈善，以先进的理念规划、建设、经营城市，南通走出了一条与我国近代商埠城市和曾被列强所占据的城市迥然不同的发展道路，被誉为"中国近代第一城"。

南通于五代后周显德五年（958）筑城设州治，名通州。北宋时一度（1023—1033）改称崇州，又称崇川。辛亥革命后废州立县，称南通县。1949年2月，改县为市，市、县分治。1983年，南通地区与南通市合并，实行市管县新体制至今。目前，南通市下辖海安、如东二县，如皋、海门、启东三市，崇川、港闸、通州三区和国家级经济技术开发区；占地8001平方公里，常住人口约770万，流动人口约100万。据国家权威部门统计，南通目前的总体实力在全国大中城市（不含台、港、澳地区）中排第26位，在全国地级市中排第8位。多年来，由于各级党委、政府的领导及全市人民的努力，南通获得了"全国文明城市""国家历史文化名城""全国综合治理先进城市""国家卫生城市""国家环保模范城市""国家园林城市"等称号，并有"纺织之乡""建筑之乡""教育之乡""体育之乡""长寿之乡""文博之乡"等美誉。

江海文化是南通市独具特色的地域文化，上下五千年，南北交融，东西结合，具有丰富的历史内涵和深邃的人文精神。同其他地域文化一样，江海文化的形成，不外乎两种主要因素，一是自然环境，二是社会结构。但她与其他地域文化不尽相同之处是：由于南通地区的成陆经过漫长的岁月和不同阶段，因此移民的构成呈现多元性和长期性；客观上又反映了文化来源的多样性以及相互交融的复杂性，因而使得江海文化成为一种动态的存在，是"变"与"不变"的复合体。"变"的表征是时间的流逝，"不变"的表征是空间的凝固；"变"是组成江海文化的各种文化"基因"融合后的发展，"不变"是原有文化"基因"的长期共存和特立独行。对这些特征，这些传统，需要全面认识，因势利导，也需要充分研究和择优继承，从而系统科学地架构起这一地域文化的体系。

正因为江海文化依存于独特的地理、自然环境，蕴含着自身的历史人文内涵，因而她总会通过一定的"载体"体现出来。按照联合国教科文组织的分类，"文化遗产"可分为四类：即自然遗产、文化遗产、自然与文化遗产、非物质文化遗产。而历史文化人物、历史文化事件、历史文化遗址、历史文化艺术等，又是这四类中常见的例证。譬如，我们说南通历代人文荟萃、名贤辈出，可以随口道出骆宾王、范仲淹、王安石、文天祥、郑板桥等历代名人在南通留下的不朽篇章和轶闻逸事；可以随即数出三国名臣吕岱，宋代大儒胡瑗，明代名医陈实功、文学大家冒襄、戏剧泰斗李渔、曲艺祖师柳敬亭，清代扬州八怪之一的李方膺等南通先贤的生平业绩；进入近代，大家对张謇、范伯子、白雅雨、韩紫石等一大批南通优秀儿女更是耳熟能详；至于说现当代的南通籍革命家、科学家、文学家、艺术家以及各行各业的优秀人才，也是不胜枚举。在他们身上，都承载着江海文化的优秀传统和人文精神。同样，历史文化的其他类型也都是认识南通和江海文化的亮点与切入口。

本着"文化为现实服务，而我们的现实是一个长久的现实，因此不能急功近利"的原则，南通市江海文化研究会在成立之初，就将"丛书"的编纂作为自身的一项重要任务。

我们试图通过对江海文化的深入研究，将其中一部分能反映江海文化特征,反映其优秀传统及人文精神的内容和成果,系统整理、编纂出版"江海文化丛书"。这套"丛书"将为南通市政治、经济、社会全面和谐发展提供有力的文化支撑,为将南通建成文化大市和强市夯实基础,同时也为"让南通走向世界,让世界了解南通"做出贡献。

"丛书"的编纂正按照纵向和横向两个方向逐步展开。

纵向——即将不同时代南通江海文化发展史上的重要遗址(迹)、重大事件、重要团体、重要人物、重要成果经过精选,确定选题,每一种写一方面具体内容,编纂成册;

横向——即从江海文化中提取物质文化或非物质文化的精华,如"地理变迁""自然风貌""特色物产""历代移民""民俗风情""方言俚语""文物名胜""民居建筑""文学艺术"等,分门别类,进行归纳,每一种写一方面的内容,形成系列。

我们力求使这套"丛书"的体例结构基本统一,行文风格大体一致,每册字数基本相当,做到图文并茂,兼有史料性、学术性和可读性。先拿出一个框架设想,通过广泛征求意见,确定选题,再通过自我推荐或选题招标,明确作者和写作要求,不刻意强调总体同时完成,而是成熟一批出版一批,经过若干年努力,基本完成"丛书"的编纂出版计划。有条件时,还可不断补充新的选题。在此基础上,最终完成《南通江海文化通史》《南通江海文化学》等系列著作。

通过编纂"丛书",我有四点较深的体会:

一是有系统深入的研究基础。我们从这套"丛书",看到了每一单项内容研究的最新成果,作者都是具有学术素养的资料收集者和研究者;以学术成果支撑"丛书"的编纂,增强了它的科学性和可信度。

二是关键在广大会员的参与。选题的确定,不能光靠研究会领导,发动会员广泛参与、双向互动至关重要。这样不仅能体现选题的多样性，而且由于作者大多出自会员，他们最清楚自己的研究成果及写作能力，充分调动其积极性，可以提高作品的质量及成书的效率。

三是离不开各个方面的支持。这包括出版经费的筹措和出版机构的运作。由于事先我们主动向上级领导汇报，向有关部门宣传，使出版"丛书"的重要性及迫切性得到认可，基本经费得到保证；与此同时，"丛书"的出版得到苏州大学出版社的支持，出版社从领导到编辑，高度重视和大力配合；印刷单位全力以赴，不厌其烦。这大大提高了出版的质量，缩短了出版周期。在此，由衷地向他们表示谢意和敬意！

四是有利于提升研究会的水平。正如有的同志所说，编纂出版"丛书"，虽然有难度，很辛苦，但我们这代人不去做，再过10年、20年，就更没有人去做，就更难做了。我们活在世上，总要做些虽然难但应该做的事，总要为后人留下些有益的精神财富。在这种精神的支撑下，我深信研究会定能不辱使命，把"丛书"的编纂以及其他各项工作做得更好。

研究会的同仁嘱我在"丛书"出版之际写几句话。有感而发，写了以上想法，作为序言。

2010年9月

（作者系南通市江海文化研究会第一届、第二届会长）

写在《南通移民史话》即将付梓之际

尤世玮

  我是怀着兴奋和钦佩的心情进行审校的——这本《南通移民史话》，可以说是江海文化研究史无前例的著作！

  进入地域文化研究领域，要解决的课题真是错综复杂，不胜枚举，关键要从文化学的基本要义出发，理清构成的要素。经过层层剥笋，直击核心，这个要素无疑是人。人与自然、人与社会之间主动或被动的联系，产生了文化，即"以人化文"和"以文化人"。在创造文明、积累文化的过程中，人发挥的是主体作用。不抓住这个根本，文化研究就无从谈起！

  研究人谈何容易！人有总体的人与个体的人之分，有独立的人与社会的人之分。"总体"由"个体"综合而成，"独立"植根于"社会"之中。对个体独立的人的研究，相对容易些；但对总体的社会的人的研究，则往往不知从何入手！对历史上重要的个体人物的研究固然重要，因为精英是创造历史的动力之一，往往产生关键性的影响；然而任何单个的人都不可能是孤立存在的，他离不开自身的群体，我们说"以人化文"，这个"人"就是指社会的人，"以文化人"

"化"的也是社会的人,因此研究社会的人更为重要。

自然变化,社会变迁,时空变幻,常常令我们无法"捉"住社会人的"踪迹"——迁徙定居,聚合分离,生产劳作,生活习俗,自身的发展与对社会的贡献……这一切都在变动之中,我们不能"以点代面,以偏概全,主观臆想,合理推论",得出一个似是而非的结论,去说明我们还不清楚的一段历史,一个事实。而只有充分地占有足以证明"社会的人"来龙去脉的可信的依据,我们才能得出正确的、科学的结论。

这依据深藏在地下(文物)、书斋(文献)、民间(口头),必须拨开历史的迷雾找到它们。要深入进行文化研究,这是必须跨越的障碍!

一切历史的、文化的存在都有自身的规律可循,也会有解开一个个密码的"钥匙"。这些年的研究实践,让我们把目光瞄准了一个方向:在个体的人与群体的人之间,有一个紧系两端、往往容易忽视的层面,即姓氏、家族。记录这个层面的资料(钥匙)就是弥足珍贵的族谱、家谱!它是一群人时空跋涉的印迹。时间,是从始祖到如今,几世、十几世、几十世,代代繁衍的记录;空间,是世居、迁徙、聚合分散、生存发展的记录。而在时空交错的变幻中,这个家族的一切,作为"社会的人"的一支,就活灵灵地出现在了大家的面前。他们的前世今生,他们家族的特质,所出的人才,所经历的事件,他们与自然、社会之间的联系,构成了所在地区丰富多彩的"人"的一个方面的面貌,在人们所创造的物质和精神总体成果中占据了恰当的地位。一个个家谱、族谱联系起来,就显现出所在地区最具体、最真实的人们生活的画卷,提供了历史、文化研究的具体生动的内容。当然,往更深层次分析,这里面还包括各种哲学观念、宗教信仰、宗法关系、家风家教、风俗习惯……折射出一个个时代的大千世界。

而在相当长的一段时间内，囿于主客观的原因，我们对家谱、族谱的研究，还存在着许多薄弱环节，未能给予充分重视，这造成了在地域文化研究中涉及"人的研究"的"短腿"，乃至产生深入研究的"瓶颈"。

这本书的作者何循真、朱国建多年来专注于南通地区家谱、族谱的收集和研究，取得了可喜的成果。他们从全国乃至美国、日本的近万部家谱信息中，搜集到与南通有关的老家谱近三百种，对它们分门别类、分析综合，然后按"时""空"两条线在"南通移民"的坐标上连出变化的轨迹；用各式图标在南通的地图上标注出分布的位置，让人们对上下五千年、纵横数千里的江海平原上南通人的来龙去脉有了一个大概的认识。千万别小看了这个大概的认识啊！这是我们科学认识"南通人"的新的出发点，这将打破妨碍江海文化研究的"瓶颈"，开拓出许多新的天地，为《江海文化概论》的早日问世奠定基础。他们的研究是极其认真的，看起来是下的"死功夫"，但没有这种"死功夫"，就出不了真资料。他们依据家谱、族谱和相关文史资料，从古到今，将一个个姓氏从迁通始祖开始（并且适当介绍其最初形成的背景），确定对应的时间和地点，进行定位；然后将后迁来的同姓氏人群的分布与之对应，并初步将这一姓氏迁徙到南通后的分支厘清，看到他们自身的发展变化，同时也看到他们与其他姓氏的交往与融合。这样，所有的资料都"活"了起来。南通移民的"迁徙图"成为一张"动图"。

这样做有什么好处呢？它告诉我们：第一，南通人是从哪里来的。第二，不同时期从不同地区来的人自身所蕴藏的文化DNA是什么。第三，随着这些人之间的交融，地域文化是怎样形成的。第四，各地的地域文化（即江海文化的子文化）各有什么特点。第五，在不同的时代各地域文化（子文化）有什么发展和变化。……只有深入了解这些，才能将我们南通的江海文化生成史弄清楚,揭示发展规律,建立科学体系。

　　然而,这还不够。对家谱、族谱的收集和研究,应以此为良好开端,但仍须通过不懈努力,继续寻找家谱、族谱和人文信息,力争做到对整个地域移民情况的全覆盖;对家谱、族谱的开发、利用也绝不止这些方面。有了人,方有文化的生成。文化生成重在结构分析,要揭示隐藏在深层的、决定集体生存的结构性力量。这就不能忽略文化生态的重要作用。文化生态包括四要素,即地理环境、经济基础、社会结构、政治制度。而这些要素往往隐藏在包括家谱、族谱在内的历史典籍和出土文物等之中,我们应当把其中的价值充分发掘出来。要知道,文化并非由某一生态因素单独决定,生态综合体决定文化生成的走势,因而,这又是研究地域文化的基础。

　　要说的内容实在太多,况且许多内容我们首先还得学习,了解其要义,才能深入到具体的研究中去。

　　总之,我觉得这本书的问世,起了铺路石的作用,必将带动整个江海文化研究向纵深开展!

目　录

弁　言 ………………………………………………… 1
一、史前时期 ………………………………………… 9
二、春秋至隋唐 …………………………………… 15
　贾（17）　石（18）　常（19）　何（20）　陆（22）
　乐（23）　许（23）　吕（24）　马（25）　查（27）
　佘（27）　孙（28）　苏（30）　徐（31）　骆（36）
　姚（37）　卢（38）　郭（39）　秦（40）
三、五代两宋 ……………………………………… 43
　胡（45）　王（47）　钱（50）　赵（51）　张（54）
　丁（58）　范（60）　丛（60）　花（61）　李（62）
　单（65）　刘（66）　朱（68）　路（72）　季（73）
　葛（74）　缪（76）　邵（77）　尹（77）　茅（78）
　印（78）　白（78）　施（79）　康（80）
四、元代 …………………………………………… 81
　陈（83）　顾（87）　吴（89）　戴（92）　樊（94）
　阮（94）　宗（94）　梅（95）　冒（95）　薛（96）
　邱（97）　叶（98）　田（99）　喻（99）　冯（100）

仇(100) 曹(101) 蔡(102) 于(103) 成(103)
管(104) 尤(105) 周(106) 郝(108) 桑(109)
金(109) 谭(110) 包(110) 任(111) 蒋(112)
汪(113) 祝(114)

五、明 代 …………………………………… 115

保(117) 凌(117) 彭(118) 黄(119) 毛(120)
明(121) 唐(122) 汤(123) 达(124) 闵(124)
邹(124) 谢(125) 杨(125) 纪(127) 潘(127)
支(128) 郁(129) 林(129) 倪(130) 邓(130)
景(131) 江(131) 沈(133) 萧(134) 姜(135)
羌(135) 段(136) 高(136) 易(137) 於(138)
罗(138) 耿(139) 沙(139) 濮(140) 陶(140)
欧(141) 袁(142) 吉(143) 娄(144) 奚(144)
魏(145) 居(145) 宋(146) 孔(146) 贲(147)
万(147) 韩(148) 严(149) 崔(149) 夏(150)
乔(151) 韶(152) 卜(152) 时(152) 孟(153)
庄(153) 俞(154) 郑(154) 鲍(155) 柳(156)
虞(156) 储(156) 洪(157) 左(157) 符(158)
章(158) 傅(159) 鞠(159) 侯(159) 董(160)
龚(160) 祁(161) 卞(161) 殷(161) 熊(162)
余(162) 翟(162) 宫(163) 费(163) 邢(164)
翁(164) 韦(165) 程(165) 褚(165) 华(166)
史(166) 危(167) 诸(167) 庞(167) 鲁(167)
申(168)

六、清代至民国 …………………………………… 169

梁(171) 盛(171) 曾(172) 雒(172) 臧(172)

解（172） 冷（173） 杭（173） 宦（174） 栾（174）
镇（174） 商（175） 芮（175） 穆（176） 莫（176）
窦（177） 毕（177） 杜（177） 柏（177） 仲（178）
童（178） 应（179） 闫（179） 颜（179） 刁（179）
柯（180） 瞿（180） 房（180） 阚（181） 戎（181）
方（181） 端（182） 丰（182） 步（182） 安（183）
钮（183） 关（183）

七、中华人民共和国时期 …………………………… 185
八、结　语 …………………………………………… 191
附　录 ………………………………………………… 197
一、南通人主要迁徙路线示意图 …………………… 199
二、现存南通地区老家谱目录 ……………………… 203
三、明清如皋基层管理与姓氏分布述略 …………… 229
四、南通人姓氏人口分布表（2019年5月） ………… 241

弁言

弁言

"我是谁？我从哪里来、到哪里去？"这是一个几乎人人关心但又难得其解的哲学难题。同时，它又是一个可以追溯的人口迁徙、宗族繁衍的社会学话题。

从大处讲，在中华民族波澜壮阔的五千年历史进程中，因政治需要、战乱逃难、经济谋生等主要原因，大规模的人口迁徙有数十次。人口迁徙对民族种族融合、调整人口分布、促进文化交流、推动经济发展都产生过重大影响，尤其对姓氏源流、谱牒及方志文化的影响更是深远。回顾中国历史上的六次人口大迁徙，可以大致看到当年我们祖先的迁徙轨迹。

第一次，西晋"永嘉之乱"，导致中国历史上首次大规模移民潮。黄河流域的人口迁徙到长江流域，长江流域的人口向更南的地方迁徙。这次人口迁徙约90万人，是秦汉以来人口分布显著的北多南少格局发生扭转的标志性事件。

第二次，唐朝"安史之乱"，约有100万人南迁，使我国南北人口分布第一次达到均衡。

第三次，北宋末年"靖康之乱"，山东、河南等地大批汉人纷纷跟随朝廷迁徙到长江中下游地区；南宋末年，蒙古兵南侵，当地居民为躲避战乱大量向珠江流域迁徙，主要迁入广东、广西、福建等地。

第四次，明初大移民。为维护统治，朱元璋发动了大规模移民，命令百姓和士兵去人口稀少之地开垦、戍边。这次移民规模之大，空前绝后。长江流域移民700万人，华北地区移民490万人，西北、东北和西南边疆也有150万人，合计

1340万人，几乎占到当时全国总人口的两成。经过这次大移民，华北、华中地区经济得到恢复。到永乐年间，北京、开封等城市恢复了昔日的繁荣。

第五次，湖广填四川，填出"康乾盛世"。

第六次，闯关东、走西口、下南洋。这三个方向移民，都是民间自发的。

众所周知，南通地区本是长江三角洲北翼从江海中发育起来的冲积平原，成陆时间参差不齐，极少有土著和原住民。总体上说，南通就是一个五方杂处的移民城市（或地区）。迁入南通地区的移民的历史背景极其复杂，其中第四次明初大移民与南通有些关系。其余与战乱、逃荒（难）、驻军、经商、做官等各种迁徙因素均有着千丝万缕的联系。

不忘初心，方得始终。一个不记得来路的民族是没有出路的民族。一个不知道自己来历的人是糊涂的人。人，一旦忘记了家，忘记了是从哪里出发的，恐惧就来了。死亡之所以让人恐惧，就是因为人们忘记了从何而来，向何而去。生命是一棵大树，要想枝繁叶茂，就要让它的根具有生命力。根在哪里？对个人而言，是你的从前；对家庭来讲，是你的祖先；对中华民族来说，是中华先祖、古圣先哲和五千年的悠久历史。南通人的根本来历也是有迹可寻、有证可考的。它与南通成陆关系密切，与南通方言的形成，以及江海文化的源与流有着密不可分的联系。葛剑雄主编的《中国移民史》极少提及南通人口的迁徙，但南通人有责任也有必要补上这一课。正如饶宗颐所云："一个研究历史文化的人，首先要先研究家乡历史文化，因为它是国家历史文化的基础。"

江海文化是南通人创造的，她与南通先民息息相关，是绿叶与根的关系。欲深入了解南通地区江海文化的形成与发展，首先要了解南通人。要寻找江海文化的根，就要回到根的状态，从南通人的生物与文化基因入手，重新走进传统。

传统之所以为传统,是因为它讲的是关于根的常识,是一种根本学问,是生命根部本来就有的文化,是老祖宗留给后人回家的路标。都说江海文化是多元的,到底都有哪些来源?后来又是如何融合发展的?除了可以从相关的地方史籍中获得有限史料之外,最重要的还得从南通移民史、南通人的家族史中寻求答案。尽管在"文革"中百分之九十以上的家谱被焚毁,但南通市文史及谱牒工作者、爱好者经过数十年的寻访和积累,还是发现了有关南通地区数百部家谱及大量的"意支"、祖先牌位等家族史料,包括民间走访所得口述史与田野调查资料,辅以地方志书及考古成果等相关史料,使我们对历史上南通人的来历和迁徙有了大致的了解。

现就本书的写作程式及有关术语做一阐述:

古往今来,迁入南通的姓氏成百上千,迁移关系更是错综复杂,必须提纲挈领简明扼要才能抓住重点,即以简驭繁。因此,一般网上、书中能查到的资料就不写或略写;没有依据的不写。具体编排按历史年代与姓氏先来后到的顺序排列,但不排除列入明清的姓氏,前代就没有,只是未有确切的始迁证据而已。

姓源 古来一个姓氏有几个甚至几十种来源,本文只列举主要且与本地区姓氏相关的。至于郡望,在古代是衡量姓氏身份的标志,汉唐以前是可显示社会地位和可以世袭的名门望族。今已无现实意义,故省略。

堂号 之所以列举一些,尤其将与本地有关的堂号列出,是因为可以大致分辨同姓不同支系。但堂号也很庞杂,有些可以追根溯源,有些则很随意,没有一定之则,如"世德堂"许多姓氏都有。堂联与堂号是相关联的,大多书上能查到的就省略不写。

户籍 是户口性质的区别。南通先民在古代分军、民、灶、沙等,一定程度上反映了移民性质及原本的地位与身份,这在南通沿海地区最为明显。此外还有船户、匠户、僧道、杂役等户籍,不似今天身份证、户口簿(取消城乡差别后)平等对待。

家谱 家谱与国史、方志构成中华历史大厦的三大支柱,是中华民族悠久历史的重要组成部分,是极为重要的历史文化遗产,也是一座需要加以发掘的历史文化金矿。南通地区的成陆不如内陆地区悠久,家谱本就不多。经"文革"破"四旧"洗劫,全市现存老谱不会超过三百种,以至今天许多想续修家谱的家族无从下手,能够找到几册残谱已是十分难得。除了毁损就是流失外地甚至海外,以至为查自己的老祖宗,要跑到美国、日本去。没有家谱,上源不清如何续谱?要获晓某一家族的来龙去脉,就必须逐门挨户地查"意支"(也称意识簿)和祖宗牌位,以便从中找到一些蛛丝马迹。古代人视家谱如生命,迁徙时必须贴身带着,丢掉不仅是对祖宗大不敬,也无法对族人和子孙后代交代。当然即便在古代,也不是每家都有家谱,一般有身份地位和经济能力者及大户人家才修得起家谱,而且仅是长房长子才有权保存。那些穷本家,分迁时,部分人仅带有本支忆支(为追忆祖先名讳、字号配偶、兄弟子侄等家族信息的草志),没有这些,举子们就没法填写朱卷履历,瞎写或冒籍即有欺君之罪。本地还有一些因避仇避祸、忌言原籍、入赘立嗣、通奸、换子等,或改姓,少数弱势民众被迫依附强姓(俗称奴姓)的现象。今天,有人认为只要查DNA就会很清楚,但复杂的社会原因纠缠其中,其实没那么简单。

字派 也称字辈。它是宗族中区分长幼辈分的关键依据。一般都是族中高知们拟定,后辈不得重复或擅自改变,否则就会闹出笑话。古代直呼其名是对人的不尊,比如张謇,字季直,别号季子,别署啬庵,人称"啬公"。今人省事,取名随意性太大,不按字辈取名,以至全国出现32万个"赵伟"、29万个"王伟"，老师喊一下"王涵"有四五个同学同时答应。传统文化仍应继承，因其自有精华所在。只要依照字派，多数都能找到自己的辈分与家族（少数辈分乱改者除外）。所以，本书中尽量列出字派，以方便读者寻根问祖，进而明白自己是谁，从哪里来。

由于历史跨度太大，第一手史料又极其有限，能够搜集整理出来的姓氏宗族资料只是冰山一角，遗漏错误在所难免，还望知情者纠正和补充。

一、史前时期

早期先民的生存与迁徙

1. 早期先民的生存状态

　　南通是我国地史年龄最年轻的地区之一。位于本地区西北部的海安、如皋成陆较早,距今五六千年前,这里地势高亢,从如皋的卢港到海安李堡一带是扬泰古沙嘴的东端。海安青墩遗址的考古发现证明,早在五千年以前,在如海一带刚成陆的土地上,就有先民的活动踪迹。该遗址是一处新石器时代的遗址,尽管地处长江北岸,但从总的文化面貌特征来看,基本上和江南地区的有关新石器时代遗址相类似,而与徐海地区的同时期遗存相去稍远。[1]这说明当扬泰两地成陆以后,部分先民来到这里开发,他们主要来自松江、苏州、常州、南京一带,也有少数来自徐州和连云港地区。[2]

　　如海一带先民属于夷族中的淮夷族,与传说中的黄帝族、蚩尤族大致处于同一时代。以蚩尤为首的九黎族,是我国古代著名的大部落联盟,遍布长江中下游流域。因地处江淮间的夷人文化有明显的区域特征,故被称为淮夷。

　　从青墩遗址发掘的98座墓葬的人体骨骼看,头骨亦具有一般蒙古人种的形态,与黄河流域从事粟作的人,在体质上有一定差异。[3]其社会形态,是由母系氏族社会向父系氏族社会转变的形态。他们男耕女织,已经能种植水稻,进行渔猎、制陶,有简陋的居所,已跨入文字的初级阶段,但这种文字不同于中原的象形文字。

2.青墩人的迁徙踪迹

考古学家在研究海安青墩遗址出土文物时发现,这个遗址的出土文物有许多与江南良渚文化相类似的玉器,而且出土了非常令人瞩目的玉琮、玉璧和玉钺。这三种重要的礼器,说明当时的青墩部落具有进行政治活动、财富分配和军事指挥的能力,这是原始部落酋长国才具有的地位。因此,青墩人的活动范围会更为扩散。[4]该地区无山无石,而在青墩中却有磨光的石斧、石凿、石锛,还有玉璜、玉瑗、玉玦、玉环、玉琮等精致饰物,这表明当时先民已有一部分剩余产品可以用于交换诸如石、玉原料或其制品。这种互通有无的以物易物的交换形式,还提出了一些问题:这些与外界进行的商品交换,是通过何种路径实现的?是由陆路从扬州以西的西部或北部山区交换而来的,还是直接从江南地区通过水路,利用独木舟或竹木筏等水上运输工具运送过来的?是青墩人外出采购的,还是外地人送货上门的?这些问题都值得深入研究。但是,通过考古学的类型比较,从出土陶皿及玉石器的形制判断,它与江南苏、松、常地区出土文物相像得更多一些。还有专家认为,青墩先民跨过长江,从江南(或为故乡)人那边获得了玉料,学会了琢玉技术,并形成了自己的琢玉风格。青墩先民学会加工玉器后,不仅满足自己的需要,还向北部传播,尤其是陆庄、三里墩突然出现顶级玉器——玉琮,这表明一个地方文化上出现飞跃,外来文化的推动与影响不可低估。[5]据此推测,青墩先民中大部分人可能来自苏南,并且他们在青墩落脚后,仍然与江南有交往。当然,也不排除有一部分扬泰和徐连地区先民东进与南下的可能。此一时期青墩人的聚居,应该发生在全新世以后,最大的一次海浸约发生在距今八千年以前,其海浸线仅就清江市以南至扬州这一段来看，大致在运河以西和高宝湖的西岸。[6]自此以后，海岸线即逐年向外伸展。一般认为，苏北里下河地区成陆较晚。只有青墩成陆之后，青墩人才可能登陆生活并繁衍下来。

但是在青墩遗址中，考古专家们并未发现典型的三代文化，尤其是商周文化遗存。这说明青墩地区后来又发生过较大规模的海浸，这里的先民迁徙了。他们迁往何处呢？有专家认为，由于海平面的上升，青墩古人被迫西迁北上，择高地而居。姜堰的天目山遗址、泗阳大青墩遗址都有可能是远古青墩部落迁徙留下的痕迹，并在那里留下了商周以后的文明。[7]但也有专家认为，上古海陵人的活动中心在今海安境内，其后逐渐向西北方向发展，而青墩、吉家墩、长垛头等古文化遗址也有少量商周时期的遗物、遗迹的发现，表明海浸消退后，仍有部分先民再回来居住过。这足以证明在海安这片土地上，商周时期人类活动的史迹并非空白。[8]

如城是成陆于扬泰两地后的最后一列沙脊，此地的先民，按《禹贡》记载应为淮夷人。《禹贡》系《尚书》中的一篇，其云："海岱及淮惟徐州……淮夷蠙珠暨鱼。"而此时生活在如海境内的古人，史称"发阳人"，简称"发人"。《逸周书·王会》："发人麃，麃者若鹿迅走。"孙晁注："发，亦东夷。淮夷为东夷之一，支系较多，有'九夷'之称，发阳为淮夷中的一支。"[9]

史载，淮夷族最初生活于淮河以北的古徐国，故又称徐夷。商周时将东部海边统称"东夷"。商王征讨东夷，曾打到淮河流域，淮夷人有部分被赶到今如皋、海安一带，商军"为虐东夷"，民怨沸腾。周武王伐纣，"纣克东夷而殒其身"（《左传·昭公十一年》）。周武王灭商建周不久，又与淮夷进行旷日持久的战争。正如史书所言："厉王无道，东夷入寇"，"王南征，伐南淮夷"。淮夷人在与商周长期对抗中相互交融，逐渐与华夏民族融为一体，其时如海（指如皋、海安）境内的古发阳消失，至春秋时成了"郧子封地"。公元前678年，晋灭贾，贾国上大夫贾南屏"义不事晋"，率部族由山西逃至古发阳（今如皋城东十里铺一带），《如皋贾氏宗谱》有载。惜偕来者姓氏及人数不详。

注释：

[1][6]青墩文化编委会编：《青墩文化》，吉林人民出版社，2004年，第192-193页。

[2]政协如皋市委员会编：《如皋历史文化》，国际文化出版公司，2005年，第10页。

[3][8]王其银，李春涛：《江苏的河姆渡·青墩考古》，苏州大学出版社，2010年，第109、215页。

[4][7]王其银：《青墩部落迁徙的踪迹》，《江海文化研究》，2011年第6期，第52-53页。

[5]殷志强：《青墩文化》，吉林人民出版社，2004年，第123页。

[9]南通市江海文化研究会编：《南通市农村文化遗产名录·如皋卷（上）》，2019年，第31-32页。

二、春秋至隋唐

南通本地原住民（土著）极少，史籍记载留下姓名者更少。对于外来移民，我们以下根据文字可考的首迁姓氏及其家族迁徙情况，按先来后到的顺序排列，同姓不同宗支的后迁族人附于其后，不再另按时代列出。

贾　武威郡

贾姓主要以国为氏和以邑为氏。两个源头，均出自"贾"地。今山西襄汾县西南是贾氏宗族的发祥地。

山西迁如皋支。《如皋贾氏宗谱·序》记述："（周上大夫南屏公）义不事晋，与德配雷夫人偕隐，窜处海滨，其忠义若此……慕其义者相率偕来，渐成村落，人烟稠密，遂有如皋之称。"[1]该谱卷之首有记："如皋贾氏考辨……东陈镇始祖射雉公庙墓图。"如皋马塘河岸水中有高岸名雉皋，即春秋时贾大夫射雉之所。按春秋《左传·昭公二十八年》载：公御以如皋射雉……。卷二，始祖南屏公传。卷三起（世系表）南屏公为第一世；第三世，洪义、洪万……七十九世，纯、煦。卷七，俦公，字怀才，明洪武甲子科举人，授林郎，陕西咸宁县教谕，署咸宁知县。生于元至正辛卯九月十四日，殁于宣德四年己酉岁十月二十六日，耆年七十九岁。墓葬本邑拱辰门之河北，又迁贾家桥（惠政桥），嘉靖三十年造城，迁县北水竹园，其地亦名贾家桥。配冒氏，生于元至正十二年（1352）十月二十八日，

殁于洪武十八年（1385）十一月初六日，合葬夫茔。跋（卷之十五）："南屏公由周迄今八十余世，怀才公以上六十世，因元末避土匪乱老谱失传。幸怀才公遗有草谱相传，数百年世系日增人丁日度……"[2]笔者为何不厌其烦摘要上述内容？一是贾南屏为南通有文字记载以来，第一位由山西迁徙来通的巨姓望族，其较之天下第一家——孔子世家繁衍还多出若干世（至今已九十世）。二是《如皋贾氏宗谱》十五卷本少见，其他《贾氏宗谱》往往缺前六十世系，此谱足证如皋贾氏流传有序，没有断代。

如今南通地区的贾姓，也有不同时期的迁出与迁入者。如石甸有一支（与如皋贾氏同宗）在明初填川，其后代明末又迁回原籍认祖归宗。

现如皋丁堰贾氏字派：汝明忠同恩泽；如东石甸：一二三四五六七八九十，本忠同寿；另：云本中同乃克等。

石 武威郡 渤海堂 万石堂 宝田堂等

始祖系春秋卫国大夫石碏。春秋时如皋名发阳，地址在今皋东十里铺一带。春秋中期前属卫国，后为"郧子封地"，史载有"卫大叔疾殡于郧"。今十里铺（古郧邑）已发现许多古墓，其中有石氏祖先墓葬群，且规模较大，叫"石家龙圹"，"文革"破四旧时，发现多为悬棺，墓道内有陶俑。[3]因朝代更替，石氏

后人有聚居如皋摩诃山下石庄者。宋代摩诃山坍入江中，石氏北迁40多里重建新石庄。

一、石庄支。据《石氏民籍族谱》载，现石氏有两个宗谱派系，如皋石姓始祖唐代人石徽，其后人至南宋石贵显生五子，第五子石东晓与以世勋得润州指挥的宗人石柱等自丹徒迁如皋南乡，后名石庄。东晓生百一，谱称一世祖。百一生六子，长子千一生于1246年，其四子行万五，生二子重五、重七，则为石家甸、丰利坝两支支祖。自始，石姓渐布皋东。按其族在宋末至元代有复迁丹阳及迁苏州等地多支。

二、苏州吴县迁双南石家庄支。双甸南乡一支始迁祖石晋，其先苏州吴县人，永乐靖难时自金陵迁皋东，皆有谱存世。又云："雍正乾隆年间渡江至皋邑"，"两次联宗"。

石氏名人：石崇，西晋人，家有万石（担）；石介，北宋孙复学生，与如皋胡瑗并称"宋初三先生"。石为崧，清代人，其女石学仙，创如皋贴绒画。近代有侠商石筱舫。

本地石氏字派：

一、如皋大宗谱，一世南宋淳祐间起：百千万重复　人得再兴隆　庆裕英贤达　基宏世业崇　开来重泰祚　佑启兆仁荣　培本应长茂　敦修景大同（绍庭源肇永　华国会延洪　勤勇智善和　忠正成锐雄）。

二、如皋移岔东：科如太祚优喜。

三、石甸、丰利等地：开来珍太祚　友喜从仁荣。

四、如皋石庄楼房头：志道宏光　昭明高朗。

五、清中期如皋迁栟茶东南：广召明朗跃。

六、石屏石家庄：广召明高。

七、双甸：万石之裔　普裕家瑞　生祝大庆　福昌荣贞。

常　平原堂　庆余堂

常本出自姬姓，早期居河南，战国时散居大江南北，如皋此时亦有常姓迁入。[4]至清末，如皋常氏聚居如皋南门外，成为望族。如城有"一沙、二祝、三明、四常、九大寺院"之称。泰兴常姓始迁祖常万五，本姓尝，世居山东诸城石沟，南宋建炎间，渡淮南迁，改姓常。居泰兴顺德乡，其后分支如邑，海安西姜堰亦有常姓聚居。

约清前叶又分支于如东双甸，其字派为：井允之玉秀永。

何　三高堂　四支堂　积善堂等

何本韩姓，韩非子出使秦国为李斯所害，其子孙逃居江淮间，改何姓。

一、何家堡支。如皋何氏系秦灭六国后散居至此，大都聚居于皋西江宁乡十五都何家堡、何庄、何家荡等地。[5]上源不清。高祖忠一，明初从军，迁河南淮庆。明弘治十五年，何瑭中进士，累官右都御史，逝后赠礼部尚书。多年前，河南何氏曾来如皋寻根问祖。

二、如皋雪岸何氏，明万历由泰兴黄桥迁来。上源为

韩非子次子。何氏一世祖何庶，隐居安徽庐江。南朝间，其二十三世孙（湖南）湘江刺史何之元迁居常州。至南宋末，晋陵（常州）二十五世子恭，生八子，宗稷，字万二，为迁通始祖孔庭公，由常州迁泰兴黄桥，自此开枝散叶。其十四世孙一凤、一凰分别于明万历间迁如皋东北乡何彭庄，十三里港，并繁衍至海安东南乡与如东西北乡。黄桥支名人有十世祖明正德年间监察御史何棐公。该支已传三十一世。二十一世起字派：南邦中达秀　循起乃荣昌　振家承祖德　兴国用贤良。

三、苏州迁掘港、饮泉一支，世居苏州阳澄湖畔，元明之际，有同宗两支先后经阊门迁来。其祖先有南朝宋谢灵运四友之一的东海何长瑜。抗战前续修家谱，自忠字辈重订字派。掘港：通金广兆敏维　灵基鸣奇允。饮泉：大天三家国　思承应锦文　忠正为帮本　敦厚自源长。

四、福建迁新店何观音堂支。清康雍年间，何、马二姓自福建迁来。九世起字派：无（德）长宝。

五、徽州迁苴镇支。道咸间，与金、丁二表亲自徽州府迁来。字派：国长申友　佩（培）恒映。

六、黄桥迁高明支。孔庭公自晋陵（常州）迁黄桥，至第八世复古公之长子洪公（字伯川）后第十二世孙东泉公（1546年迁）从永丰镇徙皋邑西南小朱家庄，至今已二十五世。

七、黄桥迁海安支。约乾隆间，由黄桥一支迁海安南乡，已续上黄桥谱。

八、昆山迁狼山支。据《崇川何氏家谱》（研经堂）载，一世祖何春荣自明初由昆山迁狼山东（海门西），后向北分衍九华、东社、通州等地。十三世何延龄迁西亭，至十七世一支迁南京。十二总何字派：朝秉君先世良永继昌家庭传孝友百业守馨香。

九、镇江迁金沙支。此支为庐江堂，清中后期由镇江避乱迁入金沙一带。

十、广陵迁余东支。约于宋时，广陵南何家庄何巨任余东（吉庆）监盐副吏，履监管犯人煮盐。后代开枝散叶。字派有：昭德文明克振家声。

十一、圩角迁汇龙支。约于清末启东圩角镇一支何氏移启东汇龙镇，至今已逾五代。

十二、东台富安迁李堡李灶村支。系东台富安地区何氏世德堂移来。字派：维万文仁泰 续语效世发 旭章旦笪春。

十三、如皋江安镇新建村支。字派：贯宏仕步。

十四、如皋吴窑支。上源待查。该地有两支何氏：一支为民国江苏保安四旅旅长何克谦一支，为沈王庄人；另一支为络儿庄何氏，自雪岸何氏分衍而来。

陆 河南堂 忠义堂 怀橘堂 清和堂等

陆姓郡望：平原郡。姓氏来源有四：第一支为颛顼裔孙终，封于陆乡，称陆终。第二支出自陆浑之戎。第三支出自田氏。西周初，舜的后裔妫满建陈国，后陈国公子完避难奔齐，改姓田氏，战国时取代姜姓齐国的政权，传至齐宣王时，封其少子田通于平原县陆乡，子孙以邑为姓。第四支为鲜卑改姓。

一、苏州迁如皋西支。如皋陆氏，系西汉时由苏州迁入，大都集中居住在城西，如陆家庄、陆家小桥等地。[6]如城人陆昌荣，赴朝作战一等功臣，二级战斗英雄，受到毛主席接见。

如皋、海安一支始迁祖陆仲高，元末为如皋县令留居皋邑，另其兄弟五人也自江南一并迁来，居通州、海门等地。

二、苏州阊门迁丰利支。系明初自苏州阊门迁来。如东陆姓多源自丰利。其字派：庆学开昌永（允）修身如宝王。岔河：春风昌友（允）修。长沙：芝善达阳。通州花子街迁新店：士友志。双甸：子茂启荫志绍。马塘：衡德长。

三、苏州迁海安大公支。为南宋抗元名臣陆秀夫之后，明代自苏州迁海安。该支康熙至民国字派：天志茂登士昌松红。

四、崇明迁金沙陆氏。河南望族，三鱼堂。宋室南渡时，首迁句容后移松江再迁崇明至启海金沙一带。另一支也自句容随明初移民至金沙古扬港西陆家园。

五、句容迁正余支。约明中叶句容一支迁徙正余，至今已二十一世。后散居上海、崇明、南通等地。有《陆氏宗谱》存。

六、如皋迁闸西支。《陆氏支谱》载，先祖有东吴陆逊（怀桔堂）、宋左丞相陆秀夫等。始迁祖瑞宗彝支于明末为避战乱从苏州阊门渡江达海安，后迁如皋，再迁港闸区西乡团结村。迁通已二十余代。

七、启东北新镇陆姓，已传十余代。汇龙镇陆姓由崇阳浜镇迁来。

乐 南阳堂

乐姓源远流长，但人数少。名人中有乐羊、乐毅。早期有子字辈。汉代如皋有乐姓，名乐子长。

南宋王象之所著《舆地纪胜》载："汉乐子长，如皋人，游霍山遇仙人韩衷，授巨胜灵飞散，令服之。曰：'蛇服此药，化为神龙；人服此药，老翁成童。升云上下，改人形容；崇气益精，起死养生。子能服之，乃得度世。'于是，举家服焉，俱不得死，年百八十，以其得道于潜山，号潜山真君。唐明皇为赞。"（如皋《民国县志》第十四卷《人物·方外》）

今本地乐姓已消失。

许 高阳郡　忠孝堂

许氏鼻祖为著名隐士许由。西周武王封伯夷后代姜文叔于许（今河南许昌东），建立姜姓许国，国灭子孙遂以许为姓。或认为文叔即许由后裔。

一、如皋磨头支。西汉时许氏子孙由河南播迁江苏境内，如皋许氏亦于此时传入。[7]磨头许姓尤多，但上源不详。

二、福建迁如海许氏支。有家谱证实，如皋与丹徒等地许姓皆是福建闽县人宋嘉祐八年状元许将（1037—1111）之后，谥号文定。其后裔为元代人许天祥，字吉徵，始迁如皋而为始迁祖，其后广布于如皋、如东、海安等地。如东支原居柴湾，明中叶前后散居于栟茶、古坝、丰利等运河之北地区。如皋许容、许树枌为"文定公"后。

三、另一说福建人许绍康，在北宋末任泰州海陵县尉，后也定居如邑，其情不详。

四、石港迁岔河支。岔河南支系嘉庆间自石港支分来。现岔河镇有如皋、石港两宗许氏，此两套族谱皆存。

两如地区明末始通用字派：新民启泰和日文立玉书峰秀映金波瑞世成根久增仕渠贵多。

如皋迁环北清咸丰起字派：国恩家庆人寿年丰。

丰利：成伦兆春阳志。

石甸：宝廷学世金波。

岔南：书峰宝焕文。石港迁岔南：洪裕永长。

五、李堡支。何时何地迁来不详。清中期便建有许家花园，家族殷实。

六、吕四支。古海门即有许氏，与江阴东门均以北宋崇德殿讲学士政德公为始迁祖。后裔文臣武将人才辈出。

吕 河东堂 渭滨堂

先祖吕尚。先秦时期，吕姓多在河南、湖北、陕西、山东一带；三国和南北朝时，吕姓已经在江浙赣地区分布。

如皋吕氏，上源难考。

一、吕岱（160—256）支。吕岱，三国时东吴名将，字定公，如皋人，初为广陵郡县吏，曾任吴县县丞。后屡建战功，孙权嘉奖其开拓南疆有功，任为镇南将军。孙亮即位后，拜为大司马，时年92岁。东汉末，曹操强令滨海郡县徙民，海陵县遂为隙地。赤乌四年（241），吕岱奏请吴主，获准招抚乡民回归，重建海陵县，"泽被桑梓"。太平元年（256），吕岱病故，享年96岁，遗命丧葬从简。子吕凯以"素棺疏巾"葬于高阳荡（今林梓镇北）。史家陈寿称其"清恪在公"。吕岱的后裔传承不清。未见吕岱一支宗谱流传。

二、黄桥迁如邑支。现今如皋如东一带的吕氏系承姜姓，族联：尚父世泽，海陵家声。黄桥一支始迁祖吕伏二，河南人。元明之际，吕伏二率二子应明太祖遣戍之命，往徙荆湘，转而又迁扬州东黄桥。长子辉之有六孙，分居南北两支，其后支分如皋、海安等地。

黄桥支长房二世起字派：之存志村亭　川海宇甫熙　嘉道正国高　彤永有元彩。

丁堰：长万玉（德）公时建（德胜、合泰、松荣等）。

岔东：维长万井兴。

马北：春蔼东恩银朝。

饮泉：宗金福。

马　伏波堂　扶风堂　世德堂

一、如邑支。东汉末年伏波将军马援之子马腾率兵东讨曹操，因泄密而败东逃，至如邑吴窑境内已不足二百人，在此垦荒牧马。立马援为一世祖。[8]现九华镇营西村马氏为主要姓氏。有家谱在。

二、通州支。另一支与哈噜族有关。蒙元时，元太祖封哈噜氏首领为沿边护国大将军，其第四代重孙分封通州，入赘通州马氏。元灭后明皇令改姓马，堂名相同，基因有变，家谱另立。为通州一世祖,直至马玉华已传二十一世。今通州、启、海一带多人为蒙古人后裔。

三、苏州迁如皋马家庄支。据马氏家谱考证(家谱第91页),明洪武至永乐元年的35年间,马氏先祖西山常公之后四世知公(真儒)率族人从苏州迁居皋南乡马家庄,从此繁衍,现如皋马氏近六千人。

其字派自十五世起:之子为长泽 志高自能鸿 赞天普化育 崇德吉源隆。

四、苏州迁吴窑支。吴窑平田马氏是元末明初从苏州一带迁来的,始迁祖挑货郎担,小本经营起家至今。

五、崇川支。始迁祖元代人马端香。明代通州籍户部尚书马坤、清康熙探花马宏琦或为其后。马坤后裔支字派:其国振公 德万世昌。

南通州另一支始祖明初人马宗盛,始迁祖马普复,世系不详。

六、皋邑别支。如皋另一支马姓明永乐后迁来(现仅存残谱一册),不知何人从何地来。据皋邑别支马姓族人讲,崇祯进士冒起宗之马恭人,冒襄母,即为该族中人。嘉靖后期五世起字派:忠兴思达发 隆高怀希盛(伯云)(民国止)。

七、苏州阊门迁丰利一支。始迁祖寿一公,号克斋,苏州府庠生。永乐后从阊门迁丰利场。岔河马家红桥等皆其支系。

丰利支一世起字派:寿仲志永世 万心天明(汝)子 臣鸣香正敦 璋秀书可筱。

岔河等十一世起字派:大学之道 成述有本 如松作桂 进造燕翼 传自先曾 建国安邦 克振其家。

八、海安支。海安一支马姓为世德堂,字派:玉文立春宝友。

上源不清者:景安马家桥,字派为:步凤南锦学馨。此支清中叶迁岔东，字派：本进士汉金爱（另：德登锦标）。

查　济阳堂

查氏得姓始祖延，事周惠王而封查。子孙以邑为姓。

如皋支。西晋时二十九世查柏避永嘉之乱，卜居海陵如皋，家祠在古柴湾。其三十六世祖为新安始祖，迁徽州黄墩。四十六世查文徽迁婺源凤山，其后渐布皖赣苏浙，查良镛即此后裔。至四十九世查道，字湛然，北宋端拱初进士，累官龙图阁待制，又迁回。如今紧邻柴湾的雪岸仍有查姓多家。而如东岔河查姓乃明末避乱时由徽州迁来。

字派（岔南）：裕长德学海。有石姓改查：雨劲德。

东陈：仁新。

佘　歙和堂　世德堂

始祖雁门都尉佘讽，子护国大将军佘昭元，晋时为余氏一世祖。

相传很古的时候，搬经西首潘溪河畔就世世代代生活着佘氏家族。河上有佘家桥。三国时曹操惧此地为东吴孙权所掠，强令迁民，有老者坚决不走，兵丁刀砍时被旋风卷走，仅砍中老者脚小拇指。自此，佘姓后代双脚的小拇指指甲都分两半，据说中间的黑印就是大刀砍脚留下的印记。此虽是传说，至少说明佘氏居皋久远。[9]至于拇指印记，可能与此一支佘氏家族遗传基因相关。

无独有偶。据传约1400年之前，长江洪水过后，白蒲佘庄（现沈桥村）发现一巨大陵墓（俗称龙圹）。后来在此繁衍的江姓，从地下掘出一石碑，上有"先考佘××"字样，方知此墓主人姓"佘"。如今此地无一户姓佘。由此也证明佘氏居如皋当在唐之前。[10]

一、如邑支。如城一支佘姓，为明末清初望族。如城有清初"佘华之"墓碑，碑文为冒襄撰，许容刻。仅此可见其非普通人也。据说城南有谱系传世。

二、宜兴迁如皋支。佘氏三十七世宋荆州牧佘宪，生三子为敏、中、琏。敏为扬州通判而居此，宋神宗熙宁六年状元，遂迁常州宜兴。琏拜御史中丞。此公常言勿负主，勿欺心，勿求田，勿问舍，故号四勿先生。佘氏至此分八房，班辈称：福（建）如（皋）东（粤）海（永平府山海街），池歙常扬。其中佘琏子福一为如皋佘姓始迁祖。其姓在如皋近千年。但在宋末元初，有迁出又移入之变故。其族世传有阊门迁来一说。在明清之间当有谱，后来未续修，可能失传。

三、阊门迁林梓一支。据说1365年，朱元璋攻张士诚所据苏州受挫，恼怒，下令屠城。大将军常遇春偷开阊门放出一万多人逃到江北，难民大部分进如皋，少数进泰州。林梓有佘姓九户，字派：应文福美。建有佘家庄，如皋雪岸与海安丁所交界处有"佘家荒场（坟墓群）"，但无佘姓人士。

如皋、景安等字派：祖恩明德远　步云发兆宏　大业（益）富为本　先（善）继永（可）兴（昌）隆。

如东岔北佘庄清初至咸丰间（字派）：钟献天文　殿伦炳春　又：恩泽一纯　以百万正。道光始：春锦承松福。岔南嘉庆始：友怀宗锦裕福。

四、歙县迁河口支。明末清初，安徽歙县佘氏移民河口，现成一大家族。约300年前，如皋城内有佘氏家祠。佘家从医有八家。字派：祖恩明德远　步云发兆宏　大益富为本　善继永兴隆（此为如皋支分）。

孙　映雪堂　掷金堂　富春堂　平治堂等

齐国大夫田书战有功，改赐孙氏，其孙孙武。本省孙姓皆为其后。晋有孙康家贫无油点灯读书，每与月下映雪勤读。后官拜御史大夫，成为后人勤学的榜样。

一、苏州迁如皋高明孙氏支。三国时，陕西孙姓某到东吴孙策处访友，在苏州落脚。不久在苏州杀人，怕官府捉拿，逃到泰兴广陵镇，旋又转至燕庄定居。[11]南宋末苏州阊门八三公以明经举乡贤，教授海陵。八三公是如皋西部地区孙姓始祖。孙姓为高明镇第一大姓，所有村居都有孙姓人家，计八千余人。（按："八三"之类以数代名者多为元时人）

二、新安迁金沙孙氏。该支出富春一支（孙武封地富春山），于雍正间由皖南新安一带迁来，有余庆堂、富春堂、漱石堂等，庆春堂孙氏其后因父子同为卯年中举，改为"二卯堂"以示庆贺。孙儆出于此支。

三、江南迁如皋南乡孙氏。始迁祖孙华，明永乐间自江南迁如皋南乡，至清中叶，十七世孙松旺由皋南东燕庄移居东马塘沈家庄，皆有谱存。

四、阊门迁如东双甸支。其先祖居苏州阊门外孙家桥。洪武赶散时，仁四公等自阊门迁居皋东双甸北乡。一世起字派：仁贤文廷允 大国汝尚学 益成克忠时 宜福恒惟同 习

正光裕本　存诚佑启源。同出双甸、岔河、古坝等地，字派：宏学光国廷　秉德叶绍远　仁义道克诚。双甸移岔南孙家老园：必以世长正德。孙窑孙家庄：卿秉德世维。孙家窑另支字派：长井余泉。雍正二年大潮时有孙姓先人坐缸浮水自海边到岔北蔡家庄繁衍于此，字派：学同友四。林梓移双南：万其德。如皋移石甸：玉坚强真百福。掘港：国治同明德　存仁养太和。凌民孙家庄：天玉学奎太宗士大宏仁。马塘南汝南堂：炳荣金淑。明末自阊门迁双甸北乡：长南大学知道。如皋移马塘十六世起：国松文长盛正开平。

五、高邮迁崇川支。崇川孙氏有几支，其中一支为明万历间初祖孙彦宝（维善）从高邮迁居南通至孙伯龙十六世。"五代六人成进士，一门三世列乡贤。"

另《崇川孙氏家乘》存。

苏　扶风郡　武陵堂　三认堂

颛顼裔孙陆终子樊，封于昆吾，世为夏伯，支子封于苏。苏公忿生，周代司寇，为苏姓之始。

如皋苏氏在东晋十六国时迁入。[12]

一、常州迁如皋支。如皋苏氏以苏轼为始祖。轼晚年置田常州，子孙入籍毗陵。其后一支明初经阊门迁如皋。明嘉靖进士苏愚，官广西布政使，为如皋城内南门闸桥西益人桥北苏家巷人。明后叶在袁庄建苏氏家庙，供自轼以下如皋苏氏先人牌位。每年春秋大祭，白蒲、林梓、双甸、栟茶、雪岸等苏氏后人均来祭拜。1958年毁。

二、江安支。上源不详。该镇六团村苏家巷，一家五代出两位百岁老人，皇上降旨两建百岁坊，赐圣旨、蟒袍、百岁碗。现有人口近千。

三、如东散支。掘港苏家尖一支，乾隆间自里下河行船打鱼而来，后居于此；五义支，清中叶自兴化迁来；栟茶支，道光间自高邮迁来。

如皋支自雍正至清末字派：宗廷云春（映） 文（锦）鹤（茂）起。袁庄时桥：文锦鹤忠。袁桥苏家庙：廷银兆伯美（俊）。沿南苏家港：春达（松）广（长）根。双甸：长鹤应（文）忠。石甸：德锦学（爱松锡）。栟茶迁岔东：广大长元。

四、如皋雪岸支。上源不清。苏家庄有十多户。字派：万成玉伯昌。

徐 文汇堂（通海） 东海堂（各地） 行庆堂（雪岸） 维止堂 传善堂（栟茶） 鹤引堂（丰利） 行修堂（双甸） 锄经堂（崇川） 敬业堂（皋南）

皋陶生伯益，佐禹治水有功，封其子于徐。自若王至偃王，三十二世为周灭，复封其子宗为徐子，宗十一世孙章禹，战国时徐国为吴灭，子孙以国为姓，散布江淮间。

一、山东迁海门徐氏。海门《徐李氏宗谱》（清道光二十四年重修）载：一世祖徐盖，山东兖州曹州人。二世祖徐懋功，唐高祖赐李姓，又名李勣，唐太宗封英国公，太宗十五年（641）任兵部尚书。三世祖徐敬业，字德基，袭封英国公，眉州刺史，嗣圣元年九月武曌灭唐，敬业偕骆宾王修檄，讨武不克，与弟猷并殉。业长子、次子分遁江夏、淮北，第三子絅窜入海陵白水荡。

中宗复位后袭封原职。支分九房。五世祖有珩,复徐姓。传至二十八世旭,复李姓,新谱为一世祖,通郡藉隶海门。又传十九世,至道光间四修宗谱。合族祖坟在进鲜港河南三总东南河边。旧宅在海门县利和镇,江坍迁通东兴仁镇北关帝庙前祠堂,子孙散居通海地区。

字派(第十世至二十九世):于年为元吉德懋家则昌 友良自一中 正象文朝玉。

后补开10字:继述忠贞志 名传仙籍芳。

另港闸陈桥出土唐东海徐夫人碑,也旁证唐时通州已有徐姓人氏居住。

二、苏州迁栟茶徐氏。始迁祖徐邦大,祖籍山东,绍兴元年(1131)辛亥进士,南宋初由苏州避难卜居栟茶。曾任官临安,去世后归葬栟茶场。乾隆四十三年(1778),徐述夔《一柱楼诗》案因蔡家告发,轰动全国,徐良田等子孙16岁以上者,皆处斩;徐家14000亩田产入官。受累官员处斩、发配众多。自此徐、蔡两家世不通婚。子孙散居如东一带。

字派(自一世起至六十世):邦镇省四六 千进君子重 肃

廷以国夫　思甫继惟崇　永定金必正　长希守相功　道德承先祖　文章起大宗　克昌裕本茂　昭庆学元同　保世桓修广　其士自可隆。

三、高邮迁崇川徐氏。"宋淳祐（1241—1252）间元屠通州。徙江淮民实之。吾族自高邮迁通，盖当其会，迄今七百年矣，始迁者不可考，谱断自文爵公始。"（徐益修记）一世祖徐文爵，字永封，号择可，元末由高邮迁崇川。有《崇川徐氏族谱》六卷，首一卷清嘉庆癸酉（十八年）秋刊，徐缙编，刻本精致，董诰等序，收李玉鋐、沈歧诗。入通后传十世，第十一世后字派：笃前人烈　裕后昆贤。

该支名人有：徐赓起、徐益修、徐立孙等。

四、泰州迁通州徐氏。始迁祖徐自政，字士政，洪武间自泰州迁通州，分东西支。该支有名人徐宗幹等。有《徐氏通城支谱》，民国二十一年翰墨林印书局版。

五、镇江迁皋南徐氏。奉宋治平二年进士徐积为始祖。子孙随驾南渡居镇南湾，至十二世徐彝，携妻及幼子避宋末之乱，居皋南摩柯山金孩儿池边。后江坍迁皋南腰庄。

字派（明初十四世起）：通茂文景世　思尚成有志　守永朝章士　可达芳名永。

六、阊门迁海安徐氏。始迁祖茂盛。谱称原居苏州阊门，元末避张士诚之乱，迁泰东海岸嘡口（大公），生六房，后世有居如皋、如东者。

字派（自一世起）：茂寿文守德　允廷汉华钫　尔三右庭友　岳锦永奇　瑞宝崇祥。

七、栟茶、丰利、掘港徐氏。有两说，元明之际寿六、寿七、寿八三兄弟自苏州阊门迁泰州治下三盐场（栟、丰、掘）。另有《徐氏家乘》谱载系明初大将徐达之裔，永乐初贵八公三兄弟避靖难由昆山迁掘港场西北乡银杏村（今苴镇暖阁村），称掘港徐。贵八居苴镇。另二人，一居栟茶，名栟茶

徐；一居丰利，名丰利徐。后世尊贵八公为一世祖。（据《徐氏家乘》）

字派：（丰利十六世起，鹤引堂用）传家训（俊）志善 显达永增光 缵绪宏先业 中和百世昌。

丰利徐家楼：士文德大昌 永基利明光 明启天国 瑞功连寻（此与雪岸徐家楼同）。

丰利迁沿南徐氏：锦文明福。

掘港、古坝：

贵八支居七世以下字派为：应日忠文 士学尚志 承先可永 为善必昌 敬修正建 敦德本贤。

十五世以下另排为：承先可永 维善必昌 尚修正建 敦德本贤。

潮桥徐氏：子乃秀良。

潮桥迁岔东：吉秋毓乃秀可。

八、嘉兴迁东陈移潮桥徐氏。始迁祖元末浙江嘉兴人宗善、普善，经苏州阊门迁如皋，后到东陈河西外甥处落脚。不久于东陈河东岸辟地筑室，此处后称徐家湾。清道光间徐家湾子孙又迁潮桥徐家园。字派有：荣春宗（泽）长。

九、昆山迁柴湾徐氏。有《如皋赤岸徐氏家乘》。始迁祖一世徐德明，生于明建文庚辰三月初二，永乐时任扬州府教谕，寿九十三。明初由昆山迁泰州，分五支：一房居泰；二、四、五房居柴湾；三房居雪岸。雪岸支以医传世，传十六代不衰。

字派如下：

柴湾支一世起：德纯正忠 直善良永 葆光裕用 右显扬廉。

柴湾清初迁岔北古坝徐家庄：一二三四五六七八九十。

上源不明的以下两支字派：

新店徐家园：世昌金科长。

岔东：圣店忠建。

十、义乌迁白蒲徐氏。始迁祖徐述（学）清，字澄之，浙江义乌人。清顺治三年（1646）任通州狼山白蒲镇巡检。任满，蒲人感其惠，遂留居于此。至雍乾间，其裔徐古铭迁居双甸镇，经商起家，人称徐半街。字派：双甸大（玉）道永正　益之以文。

十一、崇明迁兴仁支。东海堂徐氏先祖祖籍句容，后迁崇明，至徐善相由崇明内迁通州兴仁镇，至徐元锦（张謇老师）再迁常乐其外婆家。其后裔字派：吉人为善　永厚乃昌　培元福致　笃庆锡光　家声克振　常发其祥。

十二、淮安迁西亭支。相传为徐达后裔。明末第十一世祖奉宇公由通州刘桥迁入范堤北顾家灶，后分衍二十四代。清康熙十三年（1674）注立《徐氏家谱》。同治十二年（1873）重修谱序云："徐氏原籍淮安，太平又芦塘迁。始祖讳堂初择里，东郡东鲁两支传……"后加谱从十五世祖始，现存《徐氏家谱》两部。

另，西亭灰场边又一支徐姓，始祖徐荣华，生四子。字

派：福景鸿昌大。已六代传人。约于道光间建徐氏祠堂。

十三、金沙移兴仁支。清后叶先祖徐兆铭由金沙东灰坊边迁来，人丁兴旺，至今已十一代。字派：兆大天灿鹤文鸿，后连、彩、锦不在谱制。十一代后取名自由。

十四、曲塘周徐支。清乾隆四十三年（1778），栟茶人徐述夔罹文字狱，其后遗族一支逃到曲塘改姓周，繁衍至今复姓徐。

十五、泰州迁雅周东楼支。据《徐氏宗谱》（东海堂）载，南宋初徐万一家由金华府迁兰溪孟塘村定居。明万历间，其裔孙徐子俶次子兰坡游方治病，于1639年落脚泰州城东清平巷行医。清康熙间，兰坡孙再山兄弟迁东楼村，近四百年繁衍，已逾千人。

十六、苏州迁墩头支。一支堂号不明者从苏州阊门迁入，清中期"怡怡堂"一支从海安迁来，为徐耀后裔。主要居住在双楼、吉庆南部、仇湖、双溪西南等地。

十七、嘉兴迁东陈支。元末一世主徐宗善偕弟普善经苏州阊门渡江北上，到如皋数月后，又到东陈镇河西外甥家落脚。明中期贡生徐邦润兄弟分居，各居通扬河前后湾。徐氏人才辈出，徐觉世为扬州大学教授，曾与周恩来同于法国留学，其子邢白曾任江苏省人大常委会副主任。

备考：《崇川徐氏支谱四卷》（民国二十一年）徐宣武等修，《南通徐氏通州家谱不分卷》（民国四年）丁宗洛修，三册。

骆 内黄堂 世德堂

齐太公望生公子骆，食采于河南内黄，故骆姓尊姜太公为得姓始祖。南通骆姓多出自江南，江南骆姓又出义乌。义乌骆姓始祖骆雍临，字季元，行季七，东汉时由陕西骆谷迁义乌伏龙山。

一、流寓南通的骆宾王。公子路四十三传至唐骆宾王,讨武曌失败,避难海隅白水荡(古通州海门吕四一带海滩),殁葬城郊,后迁狼山。其即为义乌人。是否有子孙在通繁衍待考。

二、阊门迁袁庄骆家店支。明前叶经苏州阊门转如皋分支而来。字派:德世永长。(疑骆时米为始迁祖)。

姚 吴兴堂 三省堂(如东) 耕畲堂(白蒲) 东福堂 西禄堂(潮桥)

有虞氏之后,瞽叟生舜于姚墟,后代故以姚为姓。姚虽上古八姓,但经历曲折。大体上经历过姚→妫→陈→田→妫→姚。陈姓也为舜之后,陈历公被杀,太子陈完奔齐改姓田。到汉宣帝时,其后田渊避祸迁吴兴,改姓妫,其孙冀州刺史平改姓姚,平子丰双复姓田。新莽立,求舜后,封丰为世睦侯,其六世孙田敷复以姚姓。至此,吴兴姚姓始定。

一、唐初通州姚氏。唐初郡人姚彦章协僧人知幻在狼山建慈航院。

二、吴兴迁南通姚氏。唐末五代,军阀割据。当时统治南通的是姚氏家族。现有《东海徐夫人墓志铭》与《唐故静海指挥都知兵马使兼监察御史冯翊姚公墓志》碑拓等文字资料存世。从已知的姚氏家族成员看,可梳理出四代人。

第一代,907年,姚存、姚制,占据东洲、静海,姚制任东州都镇使。

第二代,908年,姚廷珪,东洲静海军使。

第三代,919年,姚彦洪、姚裕,廷珪被俘。彦洪任静海都镇遏使。

第四代,姚锷。

其中《资治通鉴》载:显德三年(956),唐静海制置使姚彦洪率兵民万人奔吴越之地。属南通人首次军事性大规模外迁。[13]

以上为有史可证的唐末五代时南通姚氏史料。但南通的姚姓实际存在可能更早,如前文述唐总章二年(669)即有本郡人姚彦章在狼山顶建慈航院。但姚锷之后,南通姚氏如何繁衍至今,尚未见到南通(或崇川)《姚氏宗谱》。但从姚港等地名及现今的姚姓人士看,大概有部分姚姓人系吴兴姚姓后裔。

三、镇江迁白蒲支。元明之际,镇江一支姚氏迁居白蒲。至明正统间,有兄弟二人移居古坝。不数载,荒年歉收,老二奔里下河,居八年复回古坝。自此兄弟分居前后庄。古坝长房字派:尤维可湿兆　家松鹤荣世。二房字派:一本万利长发其祥。岔北、岔南字派:一二三四五六七八九十。清中期白蒲迁岔南:文竹国东。丰西、岔东:金长富。古坝迁岔河镇:文德本(下河姚)。

四、栟茶姚氏。清代由安徽池州迁来。古坝、潮桥等地字派(长房):仲(立)荣盖世　尤维(为)亚可(此为白蒲姚迁至)。

五、平东支。先祖居吴兴,属"三省堂",明清之际迁来。旧时有姚家老园、姚港、姚家桥等。现仍有350户姚姓人。

卢　范阳郡　旌义堂

卢姓源出姜尚后裔,太公封于齐,后裔傒得食邑于卢(今山东长清西南),后代以封邑为姓。

一、如皋卢支。据《新集天下姓望氏族谱》称,卢氏在唐代有两次南迁。一次是唐高宗总章年间至武则天垂拱年间;一次是唐熹宗时。又据《卢氏族谱》载,唐代有卢雷,自南京分脉,其中一支至如皋落户,后为如皋西乡望族。如皋卢家港子,中华人民共和国成立前叫卢港乡,位于现如皋搬经镇的焦港村。1940年8月,新四军东进在此建如皋县政府。此地系古扬泰冈脊西北起点。卢姓人聚居于此,并有部分分布于海安等周边。其字派为：祥瑞德忠。

二、南京迁高明支。据《如皋卢氏家乘》（1924年重修）记载，明朱元璋登基后，其嫡系昭义将军卢寿六（涿州人）"解甲归田"，带领冯、刘二将由南京来通州，选距如皋西乡五十里地安居，此地高坦，宜黍宜谷。寿六公四世孙时，人丁兴旺，叔伯九兄弟，称贵一至贵九公。后贵一公移居江安尤行，贵三公移居卢家港子（搬经焦港村），贵四、贵五公先后移居如城、海安等地。现卢庄村卢氏多为贵二公（卢道元）后裔。全镇卢姓三千余人，集居卢庄、章庄、黄庄等村。著名作家（《伤痕》作者）卢新华乃此地人。

郭　汾阳堂　三合堂　敦和堂

周武王封其叔虢仲于西虢，虢叔一支在山西阳曲。其后代音郭而姓。如皋始祖郭子仪，唐中叶平安史之乱有功封汾阳王，后为堂号。

一、苏州迁如皋郭园支。相传唐时，郭园尚为沙滩，因郭氏先后由苏州迁居至此开荒造园，故名。《郭氏家谱》有详细记载。早年本县（如皋）县丞君章公留居本地。家谱记述郑庄郭氏始祖十三世传人元旦公系郭氏十二世孙九旭公次子，葬于郭家园常平河北麻叶港东河岸田先茔。家谱一世起字派：通茂富贵　允廷世潮　子承维九　元道文长　如日之明　载锡其光　显忠孔昭　家大以昌。六修续字派：志诚厚德　勤善和

祥　谦容博爱　贤廉忠良。

二、如东支。子仪后郭绶，字君章，元明之际迁如皋为始迁祖。绶生通一、通二、通三，通三生三子，其第三子郭源，字本深，成化间移居东马塘北乡，生三子允富、允高、允宏。嘉靖间允高又迁丰利场。

另，岔河镇有一支是郭秀春于1934年从扬中移居于此。为敦和堂。字派：天一为之本　地二德其昌　毓秀录忠信　宽宏永庆祥。

马塘沙家庄九世起字派：守士文怀　襄宏先世绪　可必厚延承。马塘丰利：全宗雍和　承继蕃昌　兆象兴隆　万经安泰。马北移岔南：长（金）锦福亚。白蒲移岔南：兴永春备。

秦　天水堂　维善堂　三贤堂　昼锦堂等

周孝王封伯益之后非子于秦亭。后襄公助周平王有功，升亭为国。后始皇统一六国及二世亡，子孙散四方以秦为姓。以世居之地天水为郡望堂号。有用宋高邮秦观、孙觉、乔执中三贤作堂名，故名三贤堂。

一、秦灶支。民间云："先有秦灶，后有通州。"秦灶是通州产盐第一灶。秦灶向西为老岸，向东为海。据传，秦灶因晚唐一秦姓人家在此垒灶煮盐，故称秦灶。此秦姓灶户不知从何地迁来，后裔有奉明芗等。但至少说明唐时已有秦姓人迁来煮盐。（据《南通市农村文化遗产名录·港闸卷》第407页）

二、苏州迁如皋支。（淮海堂）一世祖秦衍，世居苏州阊门，南宋末年因避元兵乱迁泰兴季家市，后再迁如皋城北十三里港（为雉皋河东秦氏始祖）；明嘉靖二世秦惺至九世秦椿迁如皋北乡大钟垛（为如皋河西秦氏始祖）。

另：衍后五、六世为功、玑，十四世盛春、盛时于明成化、嘉靖间迁入通州。

三、无锡迁金沙支。(三贤堂)北宋诗人秦观子秦湛,宋徽宗政和间官常州通判,遂居新塘乡,后名秦村。至秦观十一世孙秦维桢,字国祥,号起仙,元初由新塘乡入赘无锡富安乡王氏,是为无锡秦姓始迁祖。苏锡两地秦姓在明代多为其后,而江南秦姓亦多出秦观一系。明前叶,无锡一支秦姓移居皋东马塘场,后分东西二园,有家祠在马塘东街。马塘秦家园字派:忠孝传家久。

元明间,徽州婺源一支秦姓迁无锡石塘湾,明初又经阊门迁通州阚家庵,后分支金沙、石港、马塘、掘港、金西,用三贤堂。马塘字派:常世师爱定国。

四、济南迁苴镇支。明末山东济南兄弟三人迁居掘港场,此后其中一支居长沙,后称秦家荡头。另两兄弟居苴镇、秦家庄。其中一支六代单传,第七代秦锦亨生六子。苴镇七世起字派:锦正元士德世志全。

五、历城迁潮桥支。清雍正间自济南府历城县迁来,与山东老乡曲阜孔姓后人作邻。旧谱中尊唐大将军秦琼为始祖,与明代迁秦灶同为一支。(考秦观有一支五世孙迁海南琼山龙崎,第十五世孙秦仕恭明初由龙崎迁居山东济南卫。)

"人从宋后羞名桧,我到坟前愧姓秦。"源于南宋权相秦桧陷害岳飞恶名,后其子孙不敢言祖秦桧。上源不明的秦氏存疑。

潮桥雍正间一世起字派:凤居同道修 景志国兴延。

六、崇明迁常乐支。宗雅堂始祖秦灿廷,先世由太仓迁崇明北门外灯竿巷,后迁四甲坝。至乾隆间沙地成熟,再迁常乐镇北乡定居。

三、五代两宋

胡 安定堂 思贻堂（皋东） 翼经堂（皋北）

一、安定迁如皋胡氏。据《胡氏世谱八卷》胡兆聪1916年思贻堂本（南园）载：上古世系，一世阕父→陈公满封陈，国除后复用胡为姓，称陈思胡，安定胡出于此。如皋胡姓始迁祖胡修己，先世本居长安，复居陵州。曾任司寇参军。卒葬如皋庐墓，其后人以此地为家，在后周（951—960）间迁皋南马塘村。胡修己子胡纳举进士，为宁海节度。宋太宗雍熙乙酉（985）为工部员外郎，后辞官辟居县治西南十里。纳子胡瑗，字翼之，世称安定先生，少贫力学，明理通经，后居湖州讲学，得范仲淹荐，授国子直讲，逝于湖州，葬乌程何山。后世尊瑗为一世祖。明初一支迁天生港，即今胡汉生一支。明前叶胡聪分支皋东马塘，胡明一支去乌程。

本支自十三世后字派（如皋）：学承安定 邦家之光 树人立德 永世其昌。

清中期如东有徽州胡姓入迁，系安定胡。

丰利、双甸胡家港等二十七世起字派：永含伯印 国恩家庆 人寿年丰。

二、徽州迁皋"李改胡"（如皋）支。唐昭宗第四子逢五胡之乱，随义父胡三公避居婺源考川，冒胡姓，承三公嗣，后中明经科。后唐私谥明经公。为有别于陈思胡之裔，此支称明经胡，后为徽州大族。晚清如皋有李改胡支。

掘港等字派：学习安定 邦家之光 树人立德 永世其昌。

岔北胡家老园字派：一二三四五六七八九十。

安定堂徽州迁马塘胡家老园，道光始字派：正之金步昌。

三、润州迁海陵（如皋）胡氏。美国犹他州立图书馆藏（江苏如皋）海陵胡氏支谱，不分卷，（清）胡彬等纂，清咸丰元年（1851）翼经堂抄本四册，版心题润城胡氏宗谱，始迁祖修已，五代后周时迁如皋。（国内无此谱）

润州为镇江古称，说明胡姓尚有另一支从镇江迁如皋的。未见内容，俟后再考。

四、绩溪迁金沙胡氏。明有皖南绩溪首迁南通县金沙"新三园"与石港一支。

五、徽州迁如皋胡氏。清咸丰年间，徽州一支胡姓为避太平天国期间战乱迁如皋。

六、婺源迁皋北支。《胡氏支谱》载，一世祖长万，清嘉庆迁如邑洋蛮河后，营木行业。30字字派：(大)清至正　忠显孝彰　绍（承）先绪　家守善良　裕昆以道　福泽久长　云乃继美　用振徽光。

王 三槐堂 三宝堂 槐荫堂

王氏郡望为太原郡。王姓有姬姓王、妫姓王、子姓王等。大体上是汉魏之前称帝为王者之后,中原及江南王姓等大都为姬姓王子知之后。全国王姓近亿人,一半多用三槐堂堂名。斯始于北宋初大名莘县(今山东)王祐,他亲手于庭院中植三棵槐树,并预言子孙中定会有人位及三公(指太师、太傅、太保)。相传周朝宫廷外有三棵树,大臣朝见天子时,三公面向三槐而立,后世即以三槐喻三公一类高官。王祐望子成龙,果然次子王旦官至宰相。

一、太原迁如皋王氏支。约在东晋时期迁来。[14]至北宋,如城东南隅迭出龙图阁学士王觌、大词人王观、状元王俊乂等,乡人引以为荣,因名其地集贤里。如城集贤里王氏,先祖王裕,约生于唐昭宗龙纪年间。[15]北宋王维熙、王观、王觌、王俊乂、王岐、王正纲,一门四代6人先后中进士,王俊乂是宋徽宗钦赐状元。其后裔有迁白蒲者,磨头王姓村10多处。丁堰王姓多散居。

又云五代时避乱自太原迁如皋,初经商发迹。入宋有7人相继中进士。如东古坝东王家庄先世居赤岸乡七都乌丰里(与北宋王姓祖居墓葬地赤岸乡较符),民国间族中尚存一状元匾。但此支未见族籍,仅口述相传。其字派:国泰民安保家卫和平(讲述人王明富)。又:国芝太民安。该支道光间分支迁居岔东王家庄。其字派:春贵长仲金焕志(讲述人王金山)。

二、泰州迁双甸支。宋末由泰州始迁祖王懋三迁来。后建祠在岔北王家庵。其后散居环北、马塘、掘港、环镇等地。字派:长晋仪庭 咸登孝友 中正明达 克己永长。岔北王家转弯环等。明万历间十一世起字派:怀体盛玉文 道茂锦广 万国咸登(讲述人王登禄)。

三、苏州迁通州石港镇王桐港王氏。始迁祖王子高,于宋钦宗靖康元年(1126)为避战乱徙居苏州。明永乐元年(1403)王桐从苏州再迁通州石港,分迁皋南。明崇祯八年(1635)首创《王氏宗谱》,同治八年(1869)五修宗谱。皋南字派自四十九世起:孝友家声远　国恩世泽长　克己道德立　荣华富贵昌。名人有王锡三、王俊。石港字派:凤瑞连荣耀　崇祥志维俊锡。

四、青田迁石港支。先祖琅琊人,晋相王导之裔,后南迁浙江,原籍浙江青田。元至正初有王铨,字荣一,任通州静海县(今南通市崇川区)学训导,南归受阻,后定居石港。自十四世祖圣序公后迁骑岸(原名杜墩,嫌不雅,遂改之)。其马塘、孙窑等十四世起字派:亭顺兆万国　宏锦汝茂。

五、阊门迁如皋城西高明支。始祖宋代吾阳人端明殿大学(士)王庆定,谱为金坛塔山人。始迁祖王万宗,避靖难之役(1402),自苏州阊门迁皋西鲍庄,现全镇有王姓三千余人。十四世起字派:玉金永奎昌　正义万年兴　东亚立根基　弘义开辟君。

六、如皋东院王氏宗谱,道光二十一年(1841)敦睦堂刻本,十二册一套,始迁祖明代人王太乙(与"九"为一宗)。

七、苏州迁海安胡集王家楼支。明代由苏州迁来,始迁祖工普广,其长兄居皋南二十里,二兄居兴化。

八、池州迁海安镇支。始迁祖王干三,明初自安徽池州迁泰州梅垛。曾孙王斌长子王珍移居海安镇。

九、休宁迁马塘支。始祖唐代人王翔,字景淳,别号云谷居士,为徽州婺源、休宁等始迁祖。其后一支于明前叶自休宁迁马塘场。字派:南文瑞祯善　行德锡宏林。又:瑞征善行　德锡洪延。马塘王家院移凌民王家长庄字派:文瑞征善行笃(庆)。

十、淮阴迁九华支。九华郑甸社区王氏,老祖宗从淮阴迁到南通永兴乡七图九甲，后人再迁至九华。

十一、通州王氏。其上源不详。清工部尚书王广荫高祖岩，曾祖景献曾任广州知府。祖率曾，父嘉礼，兄弟一门三进士，广荫探花，堂兄广佑、广福皆进士。子来崇优贡。

十二、休宁迁金沙王氏。北宋末战乱，由太原府首迁皖南休宁，明洪武赶散时一支迁如东马塘后分衍至金沙三姓街。另一支由昆山首迁也至金沙三姓街再分衍多处。

十三、海门移通城王氏。光绪二十九年（1903）海门厅同知王宾（字雁臣）离职后定居通城西南营。其原籍皖北霍县。王宾与张謇一起开发海门，有政声。子孙居通城。字派不清。

十四、苏州迁陈桥乡（平潮石桥河东）支。唐天祐年间，胡逗洲与大陆涨接，平潮、刘桥一带形成陆地，经官府安排，将苏州"三槐堂"部分王氏迁此地。清嘉庆间王天才一支来李港繁衍十多代。

十五、淮安迁秦灶支。三槐堂"王榜眼"后裔原居淮安，后移居通州四安野鸡桥，清中期败落，传九代，历两百年。据传后人与太平天国有牵连，故字派中隐有"天朝长有"。

十六、苏州迁大公镇王家院支。始迁祖王邵胡于明末苏州阊门来此定居。后裔代出人才。

十七、句容迁李堡支。老二房王福才为避太平天国战争，自南京句容迁此拓荒种棉。另明洪武间丁所王氏自苏州阊门迁丁所串扬河（现栟茶河）河南。现字派：资则其昌。

十八、苏州迁王垛支。1336年秋，王氏福缘公率全家由苏州迁至雅周王垛，开荒种地，距今已近七百年。

十九、东台迁沙岗支。三槐堂王氏初居东台市东、西鲍庄，后一支晚清后移居沙岗。存《王氏家谱》。

二十、阊门迁墩头支。明初由苏州阊门迁入此地。另一支系王艮后裔，为避祸于清初从安丰迁至墩头一带。

二十一、泰兴迁如皋王氏支。此支尊东晋书圣王羲之为始祖,属琅琊王氏,东晋时迁居金陵,约于明时迁泰兴,后再迁如皋。有谱在。

二十二、通城王绵之支。上源不详。系南通中医世家,至今已二十一代业医。

钱 彭城堂 吴越堂 射潮堂 锄经堂 惇叙堂

钱氏肇自少典,为诞生之祖,彭祖为始封之祖,孚为受姓之祖,传至七十四世吴越王钱镠。据传其早年在如皋煮盐、贩盐,娶如皋黄姓姑娘,后钱镠发达后,她不愿离乡,于皋邑建钱王府。钱镠在吴越执政时(908)派军攻占东洲、静海。皋城内养马处称"镠马庄"。《钱氏宗谱》尊其通如始祖。至八十四世钱迈任通州知府。孙钱遇字仲达,南宋建炎武状元,官至建炎殿前点检,被尊为如皋一世祖。弟仲连先居苏州阊门后迁皋南。仲连五子分迁通州,海门余东场,如皋丁堰、林梓。

一、苏州迁如皋支。如皋《钱氏宗谱》(同治)载,仲达公支字辈。镠马庄支,十五世起。

字派:开邦嵩万在 耀祖德为良 仁孝传家久 诗书立业长。

二、杭州迁通州支。钱镠十三世孙钱满,南宋建炎间已居通州朝京门内。孙辈分乾、坤两派。乾派大宥生五子,再分仁、义、礼、智、信五房;坤派大玉移居海门。

三、泰州迁如皋支。始迁祖为宋哲宗朝开封知府钱勰之子钱端已,两宋之际知泰州,子钱浧迁居如皋。

四、常熟迁通州惇叙堂支。始迁祖钱仲鼎,字德钧,原籍常熟,南宋淳祐间避乱携家眷定居通州,后有一支迁白蒲,再迁如东。(见通州光绪《钱氏宗谱》)

五、杭州迁通州锄经堂支。原籍杭州,明初迁通州单家店。十七世起字派:一经垂训 世绍书香 文章华国 忠厚传家。

六、刘家庄支字派:章成文俊秀 云鹏万里馨 双桥德显桂 国昌大有隆。

七、南通平潮支字派:教亦人伦 学於古训 守其家范 伟卫国华 昭示家风 传承之心 綮然于心。

八、江东支。江东(皋)钱让(五十二世)一世祖,具体传承及迁徙情况不清。

九、如东饮泉支。如东饮泉钱家园有"家钱""野钱"之分:一支为白蒲移来;一支为清代徐州迁来。该支字派:仕宏振芳(顺)友。

十、如东散支。不知上源钱姓,各地字派分别为,于港凤凰嘴:学凤定龙宝。潮桥迁岔东:四海国友。岔东:长锡志国(玉)。岔北:长德维兰孝云宝金春。

赵 天水堂 半部堂等

伯益十三世孙造父,周穆王封于赵城,再后分晋称国。始皇流放赵王迁于房陵。其后裔移居涿郡,至汉宣帝时出名臣京兆尹赵广汉,为宋皇始祖。另一位赵国之后赵公辅,世居天水。其后汉宣帝时营平修赵充国,为天水郡半部堂始祖。我国赵姓多为此两支之后裔。

一、镇江迁如皋北部支。北宋皇室分太祖、太宗、魏王三支。太祖支字派自二世至十三世为:德维惟从(守)世 令

子伯师　希与孟由。太祖六世孙赵子祴南宋初由河南迁镇江大港。至元明间其后裔繁衍迅速，因居处人多地少而不断向江都、泰兴、如皋等地迁徙。如皋北边包括海安镇、沿南、河口等地多赵姓分支，然多失谱传。其中一支为子祴十世孙广禄，明洪武永乐间迁泰兴黄桥（永丰镇）；一支为子祴十五世孙赵东溪等于明中叶迁皋北二十余里赤岸乡蔡子湾桥。其堂号为南宋堂、宋遗堂、宋裔堂等。镇江迁皋北字派自十四世起：宜顺广文（武）　时良斋溪　国君圣世　永之宏远　万如（玉）振兴　承祖德秀　运发宗人。河口宋遗堂清初始用字派：一二三四五六七八九十应庆。岔北赵家庄南宋堂用字派：一（木）二（纳）三（应）四（辉）五六七八九（纲）十（义）。于港字派：天锡如鹤忠一。新林字派：如贵瑞银。沿南赵夹港字派：世长德银松（子）兴。又，举盛宗春。

二、苏州迁通州平东支。半部堂赵普之后裔。奉北宋人赵梅轩为始祖，元初避兵降，携眷避居姑苏。时政令无常，前皇族赵姓为镇压对象，也牵涉其他赵姓。其后便渡江到狼峰之北提控庄，后称赵甸。祖籍苏州，不知何时迁岔东。半部堂字派：万裕琴庆锡。

三、清代自上海迁石甸支。字派：如双全金新。

四、广陈迁崇川赵氏祚德堂支。宋高宗南渡，绍兴十一年（1141）八月奉敕重修谱牒建立祚德庙于临安，祀晋赵武及程婴、公孙杵臼。赵室十六世孙孟坚公隐居嘉兴广陈镇。公次子田让公复由广陈迁南通州卜居文安乡，是为迁通一世祖，传至国祯为十九世（同治十三年）。自二十一世起字派：彝伦攸叙　人纪肇修。

五、无锡迁石港半部堂支。明初赵姓一支自无锡望亭"西垦地"迁石港五总埠子雁滩，后分各支。字派：耀福昭亥云有玉　凤林文锦进万长。

六、江西迁马塘半部堂支。元明之际赵天宠助明太祖征战有功，授忠义将军。后代建祠在马塘镇中，族人散居潮桥、岔南、岔东等地。字派：益鼎学业纯如富 遵荣迈敦伦勋 明诗书贵 圣属应有仁。

七、苏州迁海门正场支。明初一支赵姓自苏州阊门迁崇明再迁海门（逶迤迁徙）正场和碧塘庙。

八、崇明迁海门天水堂支。该支为太祖东桂支，系二十四世赵希余后裔。宋室南渡入句容后迁崇明再迁海门。字派：彦庭志启（女用秀）。

九、崇明迁通州姜灶支。赵普九世孙赵渡称半部堂拓展祖。南宋时一支赵姓族人从浙江缙云迁崇明。至明末清初，崇明江圯，迁通始祖渡江迁通州姜灶古镇西北钩子河定居。半部堂赵氏尚有居住在海门通东地区及通州区五总镇。

十、大港迁海安城东支。据宋裔堂《赵氏宗谱》载，宋太祖赵匡胤第十九世良余生三子，三子又各生一子，即东溪、小溪、少溪三堂兄弟。东溪（太祖二十一世孙），字伯清，于1600年左右自大港（今镇江）带二堂弟来到南屏村定居。后小溪带后代于今仁桥祖师庙落户。小溪后代住孙庄镇。少溪后代住如皋袁桥镇袁桥村、纪港村、野林村。有《赵氏族谱》存。宋裔堂赵氏字辈为太祖六世：匡德惟守（从）世令。

十一、恩改赵支。清光绪三十一年恩芳任通州直隶州知州。1943

年依满文觉罗汉译为赵字,改姓赵氏。

张 清河堂 九居堂 百忍堂 敦本堂等

少昊第五子挥为弓正,观弧星有悟始创弓,赐姓张。汉张良第二十六世孙山东郓州人张公艺,上有百余岁高祖,下有四代玄孙,九世同居一堂。唐高宗异其事,亲登门问其故。公艺笑不语,于手掌中连写一百个"忍"字,意九世能同居,诸事靠百忍。此乃"九居""百忍"堂号之来历。

一、祁门迁海安南莫支。1788年有张氏自安徽祁门因洪灾迁海安南莫。有《张氏家谱》。一世祖为汉留侯张良。

二、苏州阊门迁海安张古庄支。始迁祖张仁九于1353年自苏州阊门迁如皋西北古鲜鱼庄,后称张古庄,今为海安孙庄。存《张氏宗谱》36册。

三、如皋赤松堂支。尊宋吏部尚书张永二为始祖,南宋末徙居石庄,传六世至受二、受八、受十三分居白蒲、吴窑等地。十世起字派:臣禹启鸣 玉金克宗 书礼(国)仲华 文

中光耀　嵩岳元贞。

四、苏州迁如皋石庄另支。始迁祖张均祥，本中原人，后迁杭州，再徙苏州，明建文元年（1399）已卯举人，与同科举人王翦、许孚、蔡升、黄用同迁至如皋，在县治东建五桂坊。后代建家祠于鹅玩庄。十世起字派：学承家世才　怀魁万凉台　斯文培国本　宏志太平开。

五、泰兴迁如皋九裔堂支。始迁祖张升山，原籍苏州，避靖难自阊门迁泰兴，再迁如皋北八里庄。

六、阊门迁如皋克成庄支。始迁祖张克成，避靖难之役自苏州阊门迁如皋南乡，后名克成庄。字派：金玉齐相　祖启良明。

七、江南迁如皋常青镇支。明永乐中叶自江南奉旨迁皋东，再移典当张庄（常青镇），传至今已十六世。

八、兴化迁如东栟茶支。南宋末张万镒，子张辛二，孙张麒，又名张天麒，随本家泰州白驹人张士诚反元，后归附朱元璋，封直隶左丞，后迁居兴化。张天麒的堂兄弟等族人

仍居栟茶。明隆庆间其后裔张孙绳、张孙振俱中进士。该支迁新林自明嘉靖始字派：子孙曾玄　昆云乃尔　从良日志宏昌大学必忠。

九、阊门迁栟茶另一支。系明洪武赶散时自苏州阊门迁栟茶场。字派：坦福维汉　从前永昌　士国元文　日新宏大　道高德正　学进君廷。岔河西北与老栟茶接壤张氏字派：大德如朋　友邦志国　宝由留之正。

十、苏州迁丰利支。祖籍苏州，始迁祖元代人张锡州。掘港张家荡、马塘、兵房张姓多其分支。字派各地不同。丰利字派：明景永福。古坝字派：大学之道一（元）二（本）三（万）四（利）五六七八九十。掘港字派：修国元永长（松）　恒德恩（志）广甫（袁庄张氏持该支谱）。

十一、句容迁双甸后支。世居句容，明嘉靖金字辈迁来，有谱，佚。字派：金马住长　水木广有　一世姬昌。

十二、阊门迁双甸前支。始祖张福二。始迁祖张贵四。先世居杭州，后迁苏州齐门张泾。明初阊门赶散时迁皋邑居双甸。后遍及如皋、如东各地，有谱存。字派：大宗乃敦笃敏秀必诗书　长守同居训　其上占头余。

十三、海门东吴庄迁双甸北支。元末由苏州阊门迁通州海门东吴庄。始迁祖佚名，排行老二。谱中六十四世张二公宣德间再支分居石甸前后庄。清初，一文武双全的毛姓教授避仇人匿于此庄，教张姓弟子读书、习武。见张姓孩童笃实、沉稳，而自家子孙浮躁难静，遂与族长商量，宁可不拿束脩，让其子孙改张姓，受张氏家规，以免日后子孙沉沦，自己无颜见先人。族长见其诚恳，遂允。其子孙便用张姓，以毛取名再另带字。至近代，已与张姓同用字派。另庄上原有章、臧两姓常遭老张戏谑，俱改姓张。后日寇来，庙中和尚惧事把庙中所藏明清两代历次所编纂的张氏统谱手稿与活字刻印本等六大箱外带两大捆合数百册存于张姓人家中，

"文革"中尽焚。乾隆后十七世始字派：兴文学广德　庭俊家声　应开呈现。

十四、阊门迁潮桥支。始迁祖江南富户张怀艺，永乐间举家经阊门迁来潮桥北，后散居马塘、岔河一带。有谱存。字派：宏祝树（玉）锦。迁岔东张家庄字派：春启绍锦兴（书）惟玉。

十五、泰州迁古坝支。祖籍徽州府。明中叶兄弟二人迁泰州，兄居岔河北小庄，弟居曲塘西小白米。古坝镇上一支原轮流用金木水火土作偏旁取名，清末后始用字派：康居周元。晚清张謇冒如皋籍乡试即为此支张氏之名。有谱，佚。岔北字派：乾元亨利贞仁义道德孝思良。景安字派：仁义道德国友家庆。

十六、石港移岔北张家老园支。乾隆间张邦秀，字春阳，由石港入赘。由石港移此的丁氏，子孙双祧不改姓。烧经祭祖设两桌。新店也有此支张姓。

十七、常熟土筑山迁通州敦本堂张氏支。始迁祖张建，字维贤，号富义。世为吴中右族。元末自常熟土筑山避兵乱迁通州金沙场。其十六世孙张謇为晚清状元。父张彭年后徙家海门常乐镇。六世起字派：安光士九启　昭兹来许　绳其祖武　慎乃俭德。

十八、通州城东太平寺支。百忍堂，始迁祖恕，字继宽，号云臣，明代人。

十九、金沙敦伦堂支。由润州丹徒迁来金沙场。

二十、金沙友仁堂支。由桂林迁金沙场。

二十一、余西支。由浙江余姚迁余西再迁金沙十六总桥，为万选堂。

二十二、海门河间故城支。1922年，张容纂修《张氏宗谱》十册。该支始迁祖元吉乃建文中避难由祖籍河间府故城县南迁至海门，其四世祖张成最著名，探花崔桐及进士钱铎皆出其门下，其时还有高丽学生。明嘉靖间海门旧县坍江，张成北迁余东，有《北海遗稿》存世。五世祖张鸣鹤著有《盐政书》四卷。

二十三、中原迁海门四甲支。先祖居中原，明中叶迁入四甲，至清初再迁正余大岸桥。至今已逾五百年，有《张氏宗谱》存余东镇。

二十四、港闸幸福张家庄支。一世祖遂吾公约清乾隆年间移此，有家谱载已传十代。字派：遂天实敬 景（仲叔）育等。

二十五、苏州迁港闸大时马圩支。清同治间，张姓"殿"字辈一代人从苏州迁入通州复兴沙围田造圩。后裔发迹并与张謇同办学校与慈善事业。

丁 济阳堂 裕昌堂 太史堂 驯鹿堂

出自姜姓，齐太公生丁公伋，子孙以丁为姓。

一、苏州迁如皋支。出宋丞相丁秉衡后。秉衡四世孙北宋如皋孝子丁天锡兄弟七人，其在谱中排行伯七，据说与兄伯六等，由苏州迁如皋江宁乡窑子河。而伯六后有一支以邹姓外甥承丁氏之嗣，即为如皋特有的邹丁氏"双丁"支始祖，其后有居海安、皋东者。其余为"单丁"。后裔有丁其誉著《长寿秘典》。

如皋"双丁"十二世起

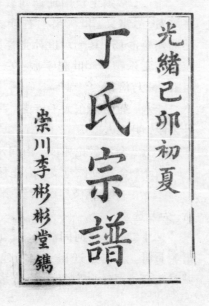

字派：承怀允其启　长源盛久远　昌宗（忠）正大邦佐　广济仁义良　大泽成先志　光明国庆延　恭宽唯自守　敏慧继能连。

据丁氏远祖丁志远墓志铭记载，丁姓散居如皋江宁乡。丁氏家族曾收养一患顽疾的邹姓弃婴，经治疗后奇迹般活了下来，并一举成名。邹家此时却要其认祖归宗。最终判决是"生为丁姓人，死为邹家鬼"。此为"邹丁一说"之由来。（"双丁"说另一个版本，详见《南通市农村文化遗产名录·如皋卷》第1332页）

二、苏州迁通州支。始祖元代人丁其祯，字余元，行二，元末避乱自苏州迁通州。再移石港场南板桥山庄。清初分支岔河北，嘉庆间丁世禄也自石港移居新光，后有丁家庄。

通州字派：尚德良善　传家有道。九总丁，二房：汉开祖。五房：锦希燕。六房：宪扬彦。

新光丁家庄一世起字派：世雨文福　元寿庆赞　爱青莲叶。

十总丁字派：采文尧祝广舜惟。

三、如皋西乡支。始迁祖丁启光，明避靖难之役迁如皋西乡。

四、安徽迁苴镇支。清中叶徽州人丁忠双与金、何二表兄弟（异姓同迁）迁此，后有丁家庄。字派一世起：忠泰士维长　宏学福寿。

五、镇江迁二甲支。清道光间由镇江来二甲开花布行。后代经商，与张謇交善。

六、海门移兴仁丁氏支。上源不详。晚明通东名医名士丁国宝一支。因海门江坍后，其子丁腹松移居静海乡徐涧（今兴仁），因才学名声大，曾任清权臣明珠从子老师，长期为之授课。康熙四十二年（1703）进士，授内阁中书，扶风知县。其子丁有煜为诗坛盟主，晚年居通州城南双薇园。

范 范阳堂 万笏堂 文正堂

帝尧裔孙刘贯之后,食采于范,以邑为姓。范武子士会为得姓之祖。

一、苏州迁如皋支。据《范氏家乘》载,尊北宋名相范仲淹为始祖。居苏州后分十六房。皋邑为二房范纯仁忠宣宗一派。始迁祖范公仪(和甫)为文正四世孙,在如皋"花园草堂"讲学。南宋时定居如邑东北范家庄(今如皋市雪岸镇刘扬村10组),范仲淹衣冠冢和范公仪的墓葬合称"双隆圹"。子孙遍布皋东及海安各地。元时和甫公后裔遭元兵追杀,逃往通州,投盛甫公后裔。洪武时九世国珍归故里。十一世纳许思荣为婿,继范氏香火,生五子,分居老范庄、范腰庄、范云龙庄等地。文正公一世起通用字派:仲纯正直公 良士宗文伯 叔子希昌彦 友善可弥安 君章征显用 循迪广钦宗 存本宜充后 时遵道晋隆 同享祖贵荣 传谱苏河通 珍珠全地理 古松万代青。

二、苏州迁通州支。盛甫公为迁通始祖。与如皋和甫公为兄弟。其后裔自晚明至今诗文传家历十余代。出范凤翼、范伯子等名人。

三、安徽迁余庆支。祖上于明前叶(凤城建城之前)已由安徽移居余东为盐商,后裔范少卿经营盐业发达。

四、东台迁通城支。民国初年东台人范寅官,字清臣,自称为北宋范仲淹之后。迁通后做布庄生意,建有范家花园。

丛 东莞堂 文武堂 仲德堂等

丛氏始祖为西汉休屠国王子金日䃅,其后裔一支于266年前后改姓丛。世居山东文登丛家岘,旧属东莞。元代之前,丛姓历史上并无显赫者名世。故宋初《百家姓》上无丛姓。一说为宋皇室山东魏王之后,宋末避元兵于树丛间,追兵至而问其姓,不敢言赵,遂以丛而对,故此始有丛姓,且

如东昔日有赵丛不结亲之说。元时山东文登人丛元秀,因胶东饥荒,遂自丛家岘南下,任海宁寨训习,安境保民有功。张士诚兵下苏州,授元秀万户。子丛英,貌伟志奇,会元末兵起,随父以勇略见重于士诚,继授万户。朱元璋克苏州,异丛英之貌,以苏州镇守官授,辞不受而请就伍。英随后遁迹于皋邑。

如东支。双甸东运河南岸,古称丛家坝。至明正德、嘉靖间,八世丛仁因旧坝居所逼仄,遂移家于岔河北。子丛平野计亩凿井,聚土成渠,始成沃壤。生六子,分前、中、后三庄居之。子孙散布通泰等地。掘港有一支不同宗,清代自扬州迁来。

字派(十世起通用):一林中方 合之乃盛 世其永昌 远猷懋启 庶嗣咸康。

另:炳德维良 智聚咸康。

花 东平堂 怀远堂等

花姓由华姓而改。尊唐仓部员外郎花季睦为始祖。两宋之际,金兵入侵中原,花姓先人随大批难民自山东东平府迁淮南东路如皋。时皋东称扶海洲,杂树丛生。古岸内多烧盐灶户及流民。其来源与姓氏无从查考，更难追溯。花姓是扶海洲上繁衍至今八百多年的老姓，其祖见过韩世忠部下于此驻防。花姓始迁祖于岔河南乡择地而居。至明成化十二年（1476）春，花再之与时任广西富川知县的兄弟花用之出力出资，建家庙于花家园上，开皋东建宗祠之先河，世称花观堂。其后多支迁往外府州等。

丰西花氏一支用怀远堂者，系明初大将怀远侯花云一系族人之后，清乾隆间自皖北怀远县迁来。

岔河（明末起）支字派：联宗永芳从俊锦法昌鑫馨成明元（松）其（界）志。

新林花家圩子字派：明仁昌新建德正。

景安花家圩子字派：石书俊文公（有）。

明末迁东台后复回潮桥南字派：元长瑞松新。

通州字派：永来明松界。

皖北迁丰西字派：广晴一武。

李 陇西堂 尊德堂 世怡堂等

皋陶为尧大理，因官命族称理氏。商末理利贞避让纣王于李树下，遂改李姓。陇西李姓开基祖为秦朝陇西守李崇，六世孙李尚任成纪县令，传二十多代至隋朝李渊代隋建唐，此期间先后分衍13支郡望，加上李唐王朝分封改赐别氏为李姓，遂使李姓成第一大姓。

一、狼山迁如皋支。始祖李小十，原籍开封杞县。南宋初随高宗南迁，以武职承信郎出镇邵武。后又镇通州狼山营，遂占籍如皋南摩诃山，再移居九华南峰庄（今九华镇洋港村）。明嘉靖三十二年（1553）首创《李氏家乘》，清光绪十九年（1893）七修家乘时，议定自二十一世起字派为：德宗其昌 百世斯良 本实维兹 源远流长 家传孝贤 国兴祯祥 书香永衡 华英满堂。这一支名人有：十五世李之椿，明天启二年（1622）进士，为明天（启）崇（祯）五才子之一，累官尚宝寺卿，抗清烈士；二十五世李昌钰，美籍华人，国际资深刑侦神探；二十六世李百玙，学名李涛，现名沙白，白蒲沈桥村人，当代著名诗人。

二、苏州迁如皋支。（陇西堂）始迁祖元末李敬庵，号简斋。避乱由苏州至如皋城西，后称李家庄。其十七世起字派：玉步祥庚永　荣光培世长　承恩希德广　锡福建春芳。

三、颖川迁南通树德堂支。奉元代工部尚书李守中为一世祖，其曾孙李富五明初自颖川迁通州观音山而居。自十四世起字派：士忠於道　肇敏洪公　继序思昌　永世克孝　锡兹嘉福　德音孔昭　长发其祥。

四、高邮迁南通世怡堂支。明初景亨公昭武将军自高邮迁通（元末避兵），至清乾隆五十六年（1791）已九世。九世孙李堂，字心构，岁贡生。有艺文志传。自十五世始字派：天叙有典　元德升闻　保世滋大　长发其祥。

五、江西迁通州西亭支。（古香堂）始迁祖李福二。先世居江西，元时迁居通州西亭。其后甚众，有移居皋邑白蒲

等地者。十五世起字派：读圣贤书　行仁义事　立修齐志　存忠孝心。

六、江西新淦迁通州兴仁支。李元佩公自江西新淦于明初迁通州。原有《李氏家乘》焚于"文革"。该支出名人李玉鋐，累官福建按察史，其子李方膺为著名画家，子孙中李懿曾、李琪均享时名。据载李玉鋐及李方膺等为静海乡徐涧（今兴仁镇）人。李玉鋐致仕后在该镇与人合股开西典当。（《南通市农村文化遗产名录·通州卷》第1066、1079页）

七、河南迁通州支。先世居河南，清初迁通州城东，康熙三十二年（1693）李文科首修《通州李氏宗谱》，清光绪三年（1877）李道鹏续修，近又续谱。

八、余西迁如东苴镇支。始迁祖李福三（似与西亭支为兄弟）祖籍徽州。明初与余西季姓、闾门冯姓先后来掘港场北苴沙占地而居。冯姓强势抢占苴北高沙地；季姓随和，居中沙地；李姓敦厚，居苴南低沙地。其中有一支称"生李死陆"。该支各地字派有所不同。苴镇李家庄字派：凤良德建明立。李家塌子字派：庭国建维连生贵子。掘港高家庄字派：长余维为贵。长沙字派：邦学广志。

九、泰州迁如东沿南支。始迁祖李玉斋，名恺元。元至正二十五年（1365）由苏州移居泰州南门。第六世李通，字恭辅，约于明正德间移居皋邑东北。长子李荣住范家埕，次子李实住龙潭，三子李春住李家庄，也称百朋庄。九世始字派：一二三四五六七八九十　德秉忠可合　绍家守乃昌　从裕志能立　毓汝锡同章。

十、海门徐李氏支。前二十八世姓徐（李勤除外），从李旭（新谱一世祖）复姓李。（详见徐氏）

十一、明苏州阊门移岔东支。字派：万福正兴。

十二、清中叶如皋柴湾移马塘南支。字派：懋峰克自景。

十三、清初由山海关迁通（百顺堂），徐策后裔（何时改姓李不详），家庙在南通。墓碑朝东北（山海关），有家谱"文革"毁。李堡再移居新林支字派：贵忠长延胜新。

十四、明末李堡移于港支。字派：长文延（大）福子。

十五、晚清句容迁海门货隆支。原籍句容，后裔李昌好武，为太湖水寇首领，名"太湖王"，60岁时洗手上岸隐居，携家眷经扬州、南通向东，后定居范公堤南。近有《石头镇李氏家谱》。

十六、唐代余东李姓支。唐大历年间（766–779），黜陟使李承实发现余东为宝地，次年，遣其堂侄来此开灶煮盐，为余东李姓第一代。唐乾符四年（877）黄巢兵变，王霸自立齐国，又有李姓来此避难，更有犯民来此煮盐。宋元间陆续有李姓移此围垦。

十七、陕西渭南迁兴仁支。北宋末年为避战乱，一支李姓自渭南随宋室南迁而来。清朝发展为兴仁街大姓。人称李百万。后代因日军入侵及国民党内战举家外迁。

十八、兴化迁墩头支。青莲堂一支，传为李白后裔。由四川迁兴化定居，以种地养鸭为生。1750年前后，兴化连年大水，李白五十代孙李天禄率族人迁海安墩头镇吉庆村，以放鸭谋生，至今二百五十多年。字派：天志忠承裕　莲盈兴孝永　仁义传家厚　道德世益昌。

单　南安堂　善谏堂

周成王封少子臻于单，为畿内侯，世为王室，号单伯，子孙以邑为姓。

一、江南迁如皋大明支。清乾隆间兄弟二人由苏州阊门迁此。字派：一广锦盛庆加开。

二、南阳迁南通平潮（南安堂）支。祖籍南阳，两宋之际迁居通州北平潮，后名单家店。该支在通州应有谱存民间。如皋勇敢乡及如东单姓多由通州在清初移来。石港移岔河字

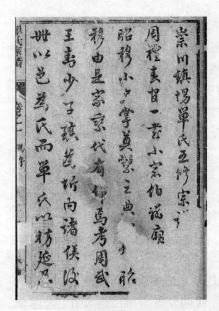

派：焕宗志思守 正文永光明。

三、单县迁崇川永宁镇支。祖籍河南单县，北宋末迁调（官府定额移民）崇川居通州城北三十里永宁镇。存《单氏族谱》。字派：一品齐国 达有家宗 志思守正 文永光祥。

四、宜兴迁通州正场（善谏堂）支。北宋末移民至宜兴，明初又迁通州正场，再分衍金沙。通州字派：一品齐国 达有嘉宗 志思守正 文永光祥。清顺治《单氏宗谱》载"迁通始祖珍亭公迄今已十有三世"。清道光续谱上云："镇场古之蟠塘也，为崇川城东"，"人丁兴旺，派别分支难以数计"。单家自十五世至二十四世绵延十代行医，十九世一支迁侯家油榨行医兼开世济堂药店，以二十二世单宗德（虎先生）最有名。

刘　彭城堂　传经堂　藜照堂　世德堂等

帝尧陶唐氏之后受封于刘，其后遂以刘姓。刘姓在中国历史上曾有五百多人为帝王，在研究典籍文化上同样贡献突出。传经堂在全国使用较广，说法多种。其中之一为源自西晋刘殷，字长盛，官礼部尚书事。自己博经通史，所生七子分别主攻《史记》《汉书》二史，《诗经》《尚书》《易经》《周礼》《春秋》五经，其后各有成就。中原学术，以刘氏一门为盛，故传经成为刘姓使用较多的堂名。藜照、青黎二堂名源自西

汉楚元王刘交四世孙刘向。刘向，字子政，光禄大夫，于天禄阁校阅各种典籍，改正错字误句，也称传经。某晚烛尽灯灭，仍不寝，于暗室默诵经籍，有太乙之精，闻其好学，手柱青藜杖叩门而进，见室暗无灯，便朝藜杖顶端吹气，藜杖顶端如烛之明，通照暗室。刘向见老人有此异行，肃然相迎，老人赠《洪范五行》一文。刘向自此学业精进，为一代宗师。其后代用此典故衍生出"青藜""藜照""校书""太乙""天禄"等堂名。

一、苏州迁如皋传经堂支。该支为南宋扬子令刘基之后。基字子厚，家苏州，1235年前后客江都邵伯镇，1262年迁如皋。其后刘徵于明洪武间居皋东。后代散居如皋、如东各地。沿南等地一世起字派：子仲厚可彦　用之显舆兆　士明文玉锡　经树熙坤（人）介　源锡文启云。

二、丹阳迁皋南支。沛德堂一支为汉高祖刘邦六十四世孙、北宋仁宗间青州刺史刘毅后裔。毅居开封，孙正夫南宋间迁丹阳，九世孙士恭再迁皋南刘家湾，后分衍石庄、吴窑等地。本堂二十七世起字派：同宗齐懋德、继世启嘉祥　百世传英俊　兴隆锡日昌。

三、洞庭山迁石港支。先祖杭州籍，后世居江苏洞庭山，始迁祖文，行辛四，明代初迁如皋石港。孟七公迁通右石港为二世，后裔散居石港场等地。吕四有三房一支。自二十一世始字派:永清祖德 吉生前光 彭齐人寿 康肇家祥 亲贤宝贵 世泽延长。

四、江西迁南通支。先世自江西徙居南通,名号无考,尊□为始祖。道洪、道富为一世,尊为中祖。

五、泰州迁马塘传经堂一支。先世居泰州南关。明天顺间刘鐷始移居州下东马塘,生子岩,岩生鹏、鹤。该支源流有碑文传世,未见谱牒。丰利、苴镇有其分支。明末始字派:维思昭来泰 继续传经长 家克承先泽 其乃百世昌。

朱 沛国堂 紫阳堂 资善堂 乐善堂等

颛顼之后。周封曹挟于邾建国,为楚灭。后一支复曹姓,一支以朱姓。南宋朱松为婺源人,五代属新安郡。新安城外有紫阳山,松常于此游。后去福建任官,刻"紫阳书堂"章佩之一表思乡之情。子朱熹读书授艺,亦建一书堂,袭父之章名,故其裔沿用至今。民国《朱氏族谱序》:朱氏始祖晋代朱有年官吏部尚书。后代仁轨隐居江南,天麟为教政,万思为枢密院使,光庭为吏部侍郎,寿昌弃官寻母,松以进士第,熹继道统之传,生三子,长朱塾居徽州婺源,次朱野居福建,三朱在居邵武。天下朱氏大半出于此支。自宋室南迁,朱氏散处四方。有居建康,有居歙州,有居姑苏、云间,有迁宁波、绍兴,有迁南昌、九江,有迁福建、建宁,有居广

州、南雄,有居济南、兖州,有徙成都、保宁,有居河南、开封,有居湖广者,有居维扬者。有些同姓,天南地北好像八辈子挨不着,但很多是三百多年前明清之际,一百多年前的民国鼎革,百姓大量迁移所致,同姓宗亲原本可能就是一家人。南通是典型的移民地区,两千年前屈指可数的几户先民也是由外地迁徙而来,如今已聚集数百万户。

一、泰兴迁如皋宝明支。始祖南宋初御史中丞朱宝明,行二,由婺源迁居泰兴曹溪。此支实早于其后才出现的朱熹紫阳堂一系,并与后来由句容迁凤阳朱元璋一系同源于婺源。宝明六世孙元代人朱尚四由泰兴移居潘泾芹湖。元末七世朱士碧,又名士智,号显良,自芹湖又移郭园范湖州。从此支朱氏迁居地表中可以看到,自明万历前后十四世朱国臣、朱绣开始至民国间,如东数十处朱氏多为此支之后裔。

范湖洲十六世(清初)始字派:一守三志长 惟以有必相 恒从(崇)谦受益 家积善能昌。

岔北朱家庄万历时始用字派:一二三(林)四(甫)五六七八九十。

岔东字派:华轩林(承)兆(玉)国(恒)炳(金)建。

林梓、双甸等字派:元亨利贞 吉庆有余。

二、林梓移新店朱观堂支。系紫阳堂分支。本江南移林梓。明弘治间由林梓举族迁岔河南荡安家(嘉靖间范湖洲十三世朱晖又迁林梓,再分双甸等)。后族众建祠于此,族分十七房,支系字派杂乱。有一房单支孤悬,赘王姓以承宗祧,称"生朱死王"。

林梓迁新店十八代字派:习元盛长利。

汤园字派:圣长义光。

新店移岔南潮桥字派:万广元庭建。

三、苏州迁新店南朱观堂(石港境)支。祖籍姑苏,为朱熹后裔。始迁祖朱天相,明洪武初自阊门移石港,生子登阳为二世祖,晚明建祠于石港场西北,因北边也有同姓观音堂,故分南北称之。此支清中叶有一户数代单传,称"滴水深朱"。正月十三为祠会。有《朱氏宗谱》在。

新店康熙间始字派:元冠耀锡应文承金长。

石港清前叶移岔南朱家夹路支嘉庆始字派:石清连应(奎、学)国建。

石港移童店朱家园字派:学金凤德国建。

四、阊门迁汤园支。明代自苏州阊门迁来,始祖朱元礼。字派有:锦德树(世)福;另:学锦金建。

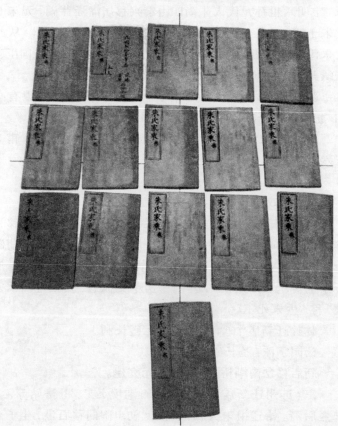

五、歙县迁潮桥朱家园支。徽州歙县人朱龙江于康熙年间迁来，贩卖珠宝得百万利。其后建牌坊于岔河东南，营先坟于坊后，尽呈奢靡之费。每年春秋祭扫，所用琉璃美瓷等皆不带回，多为近邻所珍藏。清中叶至晚清，约有七八支不同的朱姓散户同聚于朱家园附近，为一时大观。现两处老园已无此支居住。清光绪间山东章丘蒲台候补县令朱祝山之后尚居潮北，其他多迁外乡。清乾隆始字派：元清金昌祝蒸明。

六、镇江迁环北朱家凌支。祖籍金陵镇江间。其先为江湖中人，清初避乱骑一骆驼由西渐东沿途卖艺至皋东海边，见此处沟港芦苇密布，空中海鸟翔飞，池藏龟鳖鱼虾，岸奔狐兔獾獐，极喜此地，遂安家于此娶妻生子。晚清间，有外姓寻求庇护入此，改朱姓。

字派：洪开水相（世）祥（振）玉锦荣（逢）华（明）选。

朱家凌迁凌民字派：有卜从怀玉金。

七、海门迁桐乡本赵家庄朱姓，约雍正间自海门迁来，字派：长万玉宝继。

八、沧州迁岔北支。清前中叶自河北沧州迁来。字派：文长春千百。

九、柴湾移岔北朱原支。祖籍金陵，明代迁如皋，清初自柴湾移来。字派：大学之道路　俊明德兴。

十、湖南迁童店支。清道光间自湖南避难迁来，言其为朱元璋之后。字辈：孝春桂凤。

十一、扬州迁潮桥支。清咸丰后自扬州东家庄迁来。民国始字派：道德登银庆　科宏敦乃昌。

十二、阊门迁岔北六里桥。明代自苏州阊门迁来，康熙间移洋口樊家荡。字派：维孔正兆明　永宝万明贵宏。

十三、马塘后有一支。上源难详。有一代先祖在清前叶解皇粮，船沉乌江，惧祸而吞金，殁时仅十九岁。其坟五茔十葬，数里外可见。字派：玉国向。

十四、开封迁南通支。朱熹九世孙朱仲盟，河南开封人，元至正间总领淮东路，卒于任上，葬通州城南。长子正六，字景先，于洪武三年（1370）占籍通州而为始迁祖。正六孙志宏生三子，长子恭居北庄称北宗；次子恺居南庄称南宗；三子兴居东庄称东宗。此支字派不统一。观音山河北东宗五至八世为单名。

字派一世起：仲正以志兴纶璨　牧廷国之良德万　世凤国文（长）炳（元）瑞怀。

十五、江南迁崇川支。始祖元代人朱忠七。始迁祖朱道兴，字兴周，明初自江南迁崇川。字派：大邦文世上　德胜永必昌　忠厚传家远　诗书万代香。

十六、兴东支。该镇双楼村九组朱姓上源不详，但明代已于此居住。他们从古至今就有"生朱死李"习俗。（详见《南通市农村文化遗产名录·通州卷》第1131页）

十七、陈桥支。始祖朱老大于清顺治间参加抗倭，在南通陈桥一带服役。因抗倭有功，受朝廷表彰，后退役，陈桥人留其在此地安家。有谱在。

十八、镇江儒里迁狼山东新开镇支。儒里为镇江朱熹后裔所居处，于明中期由朱子故里移来。太平天国（1853）兵锋及于镇江时，为避战乱，该里一支迁狼山东新开镇。朱潵梅（朱熹二十八世孙）等即其裔。

路　阳平堂

出黄帝支裔祁姓之后。帝挚子玄元有功于尧帝，封路中侯，其后代便以路为姓。

常州迁如皋东支。始祖路天祚，字锡之，号仁斋，本山东人，南宋孝宗因功封东安侯。子路居正，字克明，行一，始迁常州。传四世，至明初，分十三支，有一支迁如皋车马湖，不久移居皋东,后有路家桥、路家窑等遗迹,福兴庵为其家祠。旧族富裕,惜未修谱。

景安路家窑字派:孔松大正 春昭映称生。

季 渤海堂 一诺堂

周武王第二十九世孙,即鲁恒公第四子友,以排行伯仲叔季而姓。故季友为全国季姓一世祖,居渤海。

一、泰兴迁如皋支。始祖绍兴人季达,南宋间任扬州府通州教谕。生四子,一居通州,二居天台,三居江阴,四居泰兴。始迁祖万户占籍泰兴季家山。此支季友后七十二世季信二移居雪岸季家庄。雪岸移浒零字派:德春连松。

苴镇十世起字派:真文廷世 国之师尹 应承先德 士克建忠 敦本崇正 其树必宏 名大学道。有《季氏宗谱》存。

二、常熟迁余西支。常熟季姓始祖广东按抚使季凌,字延仲,南宋建炎间自括苍龙泉卜居浒浦。其后季庆五随父清元又移居福山,后因水患于宋末北迁海门居余西。后分九支,散布于通、海、如各地。

新店字派:志可良恒 忠承克昌 德林长方 邦家之光。

如皋车马湖季、任二姓清咸丰间移居岔东缪庄季家庄字派:家忠仁於任长(任为任姓入赘带姓字派)。

三、余西迁如东苴镇支。据《季氏世谱》载:

始迁祖（明）庆五元孙季守和，明初自通州海门县余西场迁如皋掘港北苴镇，其孙伦、广分居东园、西园。时与冯、李二姓各自插标定界，为苴沙最早的三大姓。

四、常熟迁通州近城支。据《季氏宗谱》载：元末，庆四公（通州季氏始祖）从常熟福山渡江北上，筑室于通州近城旧河南岸。三世祖承亭公、制亭公，因逢江坍，迁居拖桥港东、港西，成江左望族。四世祖南寿公（季珩）为明岁贡生，居祖宅。此后通州季氏分为三支：承亭公后为东派，制亭公后为西派，西派后人又迁白蒲、岔河等地，南寿公后为南派。另有庆五公迁海门余西，为海门季氏始祖。

葛 顿邱堂 德庆堂 万福堂 抱朴堂 永集堂 梅寿堂等

上古有葛天氏。到夏代有葛国。国除后其子孙以葛为姓。

一、洞庭迁如皋东马塘支。苏州等葛姓始祖葛洪，字稚川，号抱朴子。西晋时居吴县洞庭包山。其后在明初有葛姓兄弟六人经苏州阊门迁如皋县。在江北车马湖临时人口转移签证处，经过短暂停留遂移皋东马塘场，插标为界，繁衍后代，居潮桥者皆民籍，称"民葛"；居丰利者皆灶籍，也称"灶葛"；以文纪称堂。双南以三顾堂称。

双南、岔河及东部民葛字派：朝修善政 家守纯良 教义宝富 世其永昌。又：家寿声良 保守昌富 四水从章。

丰利灶葛雍正始字派：万清开来泰 元长百一方。

近海一带：一二三四五 六七八九十。

二、苏州迁如皋葛家溪支。原籍苏州，南宋初葛国用守扬州。二世祖葛世奎居如皋柴湾葛溪，父子殁葬镇江城西北。袁庄、景安葛姓皆其支系。一世起字派：国世子文茂 天宗庭志怀 汝汉臣邦士 为学先克显 存仁是乃昌 谦良树厚德 恒久庆熙祥。

三、句容迁石港支。明天顺六年（1462）句容人葛鼎，任

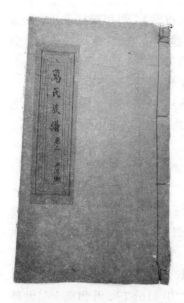

崇川石港场副使,遂于石港卖鱼湾结庐以居。此支分衍曹埠等地,于今二十余世。存《崇川葛氏宗谱》。字派:昭兹来许　永言孝思。

四、苏州迁观音山支。始迁祖葛仲章,明洪武初被派平乱由苏州迁通州观音山一带。(新续《南通葛氏宗谱》)清中叶一支移居岔河北。民国间其意支仍然沿用狼山乡都图甲号。十二世起字派:克世时洪祥　起秀祖德焕。

五、宁波迁金沙(南葛)支。先祖河南商丘清柳堂,北

宋随宗室南渡,至宁波会稽(太古堂)。明初渡江北上,先至崇明滩涂开发,因水患再迁金沙五总埠子,定居雁头村。金沙一带由五总、骑岸分衍来。有道光间《崇川葛氏宗谱》,十总镇一支与之同宗。家庙在骑岸镇渡海亭。

六、江西迁十五总支(北葛)。原籍河南顿邱郡(葛伯之后),后迁江西,再移通州十五总设肆,居东市街。

缪 兰陵堂 怀德堂 二贤堂

缪氏以春秋五霸之一秦穆(古通缪)公谥号为姓。

一、常熟迁栟茶支。始祖缪潮,原籍山东,随宋室南渡居杭州。其后一支居常熟者缪懋,字尚勉,宋淳祐间避金兵之乱,同弟缪意北渡至立发桥。缪意西居泰州,缪懋东居栟茶场,为皋东缪姓始迁祖。其长孙福一,复迁常熟,其后再分苏州、江阴各一支。清康熙六年(1667),苏州支十三世孙缪彤殿试第一,诣栟茶祭祖墓,里人遂传为状元坟。缪姓在栟茶场管理十二处总口子,几近一半。

泰州缪姓与如东缪姓实为兄弟,却叙述不一。今录之以备考。泰州谱称鲁缪公为得姓之祖。到元代泰州支始祖缪侃同弟伦、仪三人由嘉兴迁苏北。侃居泰州徐家庄,伦居东台栟茶场,仪居如皋高明庄。(按:如皋高明庄乃是栟茶支五世孙缪伯顺由栟茶移去。)可见,六七百年前,有些创谱时,部分资料系凭口述传承,未与百里之外的族人通联核实,难免错误。本地缪姓字派多杂而乱。

皋东两地通用十九世起:国恩祖德 永世(志)克昌 家传孝友 公在文章 忠正贤良 仁善道义 宏明大振 强吉流芳。

如东西北及如皋东北字派:一二三四(永)五六七八九十。古坝:登松福德世。岔河:香圣汝长锡。新林岔北:珍长达子。

邵 博陵堂 安乐堂 三余堂

姬姓。周初大臣姬奭，封邑在岐山西南召邑，故称召公奭，为一等公爵。其后召康公封于燕，次子世为畿内侯，任卿士，号为召公，后为召姓。再到子孙增邑为邵姓。古有周朝天下八百诸侯之说，如邾、邢、郿等，其原先称国皆多带耳旁，有增邑意，后国灭称为朱、于、成姓。

一、江南迁如皋支。始祖邵雍，河南人，字尧夫，号安乐先生，谥康节，精通易理术数，为一代哲人。其后于南宋初随驾南迁杭州，再分居苏常间。宋元间有一支后裔北迁如皋而居，昔有谱，今未见。

二、明中叶自如皋移居马塘北邵家园（博陵堂）支字派：万大长城 锦绣乾坤 建国安邦。

三、明末清初自通州永兴乡十六图四甲入册如邑沿海乡四都三图九甲汤园曹庄（安乐堂）支字派：大万里长城 锦绣乾坤 瑞玉麒麟。

四、铜山迁通州金沙支。明初由安徽铜山移居金沙场三里镇邵家园，后再居金沙镇、小川河里。

尹 天水堂

少昊之子封于尹城，后子孙遂以尹姓。本地区尹氏多奉尹惇为始祖。惇，字彦明，一字德亮，号和靖处士。先世居洛阳，宋室南渡占籍绍兴。历四世至国泰、国宁，分别为丹徒、丹阳始迁祖。

一、丹徒、丹阳迁如海支。宋元间分迁于如皋、海安等苏北地区。各地字派如下，如皋十七世清道光始：积善之家必有余庆。靖海：孝友传家 福泰如玉 向善纯良 承先启后 世代永昌。白蒲移岔东、古坝：芝国森玉（金）维。

二、句容迁正余支。晚清句容一支迁来正余，至今已八代人。

茅 东海堂 贤德堂

周公第三子封于茅。初在河南辉县,后迁山东金乡县一带,为邹国所灭。其后以国为姓。

一、崇明迁通海支。南宋末,贞一、贞二、贞三由江南迁崇明,再迁海门、通州等地。如东兵房茅姓亦源于通州、海门。

二、温州迁丰利、马塘支。清代由温州迁来。丰利称贤德堂,典出东汉孝子贤人茅容。字派:井必长秀伟。

印 冯翊堂 世德堂 福寿堂

周代郑大夫印段,为穆公子印之后,以王父字为姓。

一、石港支。上源未考。南宋嘉熙二年(1238)进士印应雷,原居石港,官兵马都总管,赐静海县开国伯,致仕后迁常熟。墓在印家山。死后赐"御葬",坟在石港。今石港仍有印氏后裔。

二、江南迁新店支。始迁祖印瑞卿,清初由江南(上源不详)迁来。与崇明、海门印姓同为世德堂。二世起字派:天惟文国 有长兆宗 德林昌方。

白 南阳堂

黄帝有臣名白阜,为神农通水脉,是白姓之始。周太王之后有白乙丙,至唐时为中州望族。后分洛阳之支,一支徙毗陵,始祖司农公,一支徙崇川,始祖大行,兄弟同登进士。

一、洛阳迁通州支。据《白氏宗谱》载,南宋景定元年(1260)名将白继源,奉简命遣戍于通。元世祖中统二年(1261)以杨文安监军攻礼义城,夺宋粮船绕出通州,大战杀伤甚众,擒制成将白继源,其家遂流寓于通,世为通人,后元兵复至屠城（即1262年元兵屠通州城）而去。所留仅七姓，白幸得存其一线。以荣甫公为始祖。通州后世高官名儒顾养谦、范凤翼、李玉鋐等无不为序。其后裔白佩、白懋初、白雅雨等名家辈出。

二、通州迁皋支。清康熙间自通州西北白氏家庙移马塘，乾隆间如皋画家白佩等亦由通城白氏支分而来。

马塘清道光始字派：德宝文焕荫。

施 天水堂 石渠堂 吉庆堂 翰林院等

鲁惠公子施父尾生施伯，伯孙倾叔遂以施姓。

一、阊门迁袁庄施家庄支。明初自苏州阊门迁来。至"光"字辈已二十五代。旧有谱，焚之。字派：一（道）二德三（必）四（先）五（光）六七八（永）九十（松）。

二、崇明迁海门支。南三县施姓多出自海门，海门又多出自崇明。崇明西沙始迁祖施天瑞宋末由嘉兴迁来。而自得姓六十二世句容人施天寿与施天瑞本是同曾祖的兄弟，其裔施廷善在元季或明初方迁崇明，其后又迁海门、通州、泰兴等地。海门施姓还因水患不断，又有支分马塘、掘港一带。至今海门厂洪镇仍有众多施姓居住。

雍正间海门移潮桥六都四图三甲丁家窑字派：长桐和学少。

清前叶吕四移苴镇施家庄字派：国泰正（有）本兆。

清道光间海门移马塘字派：晴宝绍善。

三、吴江迁通州支。元代文学家施耐庵本兴化人，曾居苏州吴江。洪武间其裔孙安一至安十二分支昆山、江阴、无锡、武进、绍兴、淮阴、溧阳、松江等地。其中安七避居南通州。其后用"施""是"二姓皆有。

四、杭州迁施店村支。清嘉庆间，杭州吴兴堂施姓一支来此围垦开荒，有家谱。字派：汉左坤有长夕 朝学方邦鹤。

康 京兆堂 三省堂

姬姓。卫康叔支孙,以谥为姓。

苏州迁栟茶支。先世居汴京,宋以金兵南迁。建炎二年戊申(1128)康氏之先康全德、康世远父子随迁阙下(临安),再迁苏州。后九五、九六昆季再迁泰邑之南沙(栟茶),为卤籍。后分三庄,海安、如皋等康姓皆其支系。

自南宋始祖一世起字派:世九乾(坤)安(凝)福(寿)明(彦)庆(允)希景志 国夫从无洪 懋维延绍继 省祝承贻传 敦宗本怀丽 式时广祖德 以培家振起 一二三四五(懋)六(维)七(延)八(绍)九(继)十。

四、元代

陈 颍川堂 太邱堂 庆堂场 聚星堂等

元代

虞舜之后胡公满封于陈,子孙以国为姓。全国陈姓多出东汉太丘长陈实之后。南北朝陈宣帝追封其为颍川侯,故其后裔用颍川作郡望堂号。(而"颖川堂"多指为伪或错写)陈实子侄皆以贤孝而闻名于世。一日与同郡名士荀淑相聚,正逢天上德星相聚,太史官奏称德星聚奎,当应五百里有贤人聚之兆。故陈氏多用"德星""聚星"等为堂号。陈实之后随晋室南渡,有陈霸先代梁自立,定都金陵称陈朝。又有陈伯宣遁迹江西庐山,子陈旺在唐文宗时迁居德安县太平乡常乐里永清村,为江州义门陈氏之祖。到宋仁宗嘉祐七年(1062),此支人口达3900余人,给地方管理带来巨大压力。宋仁宗在文彦博、包拯等建议下,以陈氏孝义太盛为名,将陈氏分散(以巨锅分片为记)安置于全国16个省份达125个县中,作忠孝榜样教化民风,故有天下陈氏出江州之说。(名为榜样,实为削势)

一、莆田迁如皋下驾原支。始祖陈本,字敬夫,虞舜历传九十三世孙。唐天祐年以诗词应科,任海阳令,历官淮北少府。始迁祖陈肇衡乃陈本十八世孙陈从樵次子,字见贤,一字上林,原籍莆田。元初选授如皋县尉,见下驾原风淳景幽,遂居此。子陈应雷,字道宏,号南洋,元延祐丙辰中河南开封解元。官至平江路总管。至五世分仁、义、

礼、智、荣五房。后代遍及如皋及周边。

该支字派自十三世起：永起志兆培 延绍玉学文 宽大光明远 和平谦慎贤 忠诚复敦敬 世泽定能延。岔东都尉堂清雍正起：福禄寿喜才 元学友国（亚）。清嘉庆间磨头移岔南清乾隆始：四大长福寿喜（止于民国）。岔北古坝等：一二三四五六七八九十。

二、瑞安迁如皋搬经支。始迁祖陈昌隆，祖籍开封临颖。宋孝宗隆兴癸未金人据河南，其伯陈傅良与父傅善徙居浙江瑞安。昌隆因丰容伟质、赋姿英敏而入选宋室越王府仪宾，配郡主赵惠英。郡主兄赵竑因宁宗无子而立为太子。因与权相史弥远有隙，弥远矫遗诏易储，废太子而为齐王，寻弑于湖州，昌隆乃携郡主潜匿江淮而远朝政。傅良曾为泰州教授，有故人洪咨夔观察维扬，遂奔投其治下如皋，其后人遍布西皋。

搬经支分五房，十一世起字派：应惟元天之 必时宏坤学 清德昭钟毓 文章定吉祥。如皋陈草靿移岔南陈家园字

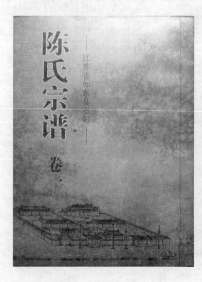

派：曾世宗建。

三、马田迁如皋西北支。此支为陈宣帝第十一子义阳王陈叔达之后。叔达七世孙陈齐避五胡之乱徙居江西抚州乐邑。十三世彦良由吉水赤岸迁吉水马田为始迁祖。彦良后十二世孙陈庭椿（一名朗）明洪武元年避陈友谅兵乱，自马田沿途乞讨至如皋，而为雅周（海安）一带陈姓始迁祖。另在元末，也是同支的陈道兴避乱，由马田迁泰州而为始迁祖。清雍正二年（1724）七月大潮，近海一带溺死数万人，致使如皋东北部空旷无人。后泰州有较多陈姓举家迁至（泰州陈姓也有苏州、丹徒于明代徙居者）。

丰利一带乾隆初始字派：三清开来泰　四维立永昌　五登天之广　六喜允庆长（后两句也有"五经遗失远　六喜去转长"之说）。

四、阊门迁通州支。始迁祖元代人陈彦和，行福一。明初自苏州阊门迁通州城西。其一支移平东，有陈观音堂。清初后裔再移居如东潮桥铁篱笆（德星堂），字派：书金修长克久。通州迁古坝东南字派：文学志梅长启桂。通州移古坝仇甸字派：佩进长春玉。

五、祁门迁丁堰支。始迁祖陈和一，字候远，汉末尚书令陈蕃之裔，世居徽州祁门西乡，元至正三年（1343）辞丞相脱脱之征聘，遁迹皋东丁堰茄儿园以书自娱。裔孙重杰，字攸英，再迁石甸，分九房。清康熙间由石甸迁丁西鞠庄村及海安旧场等地。石甸十一世起字派：应善起道　志映万朝　延其福德　绍尔书香　源长基厚　百世永昌。石甸移潮桥复居双甸世德堂字派：永道世大克加锦志忠友汉。旧场存《陈氏家谱》（26卷）。

六、莱州迁掘港支。元末明初陈受二、福三、福四三兄弟自山东莱州徙至皋东。后受二从明藩王入军籍，居顺天府。三世陈喜有功封袭指挥职，钦给诰命上注如皋掘港人。

五世陈达举人，任山西绛县知县。子元甫，陕西泷州知州。孙晋卿为内阁中书，曾孙应轸陕西兴平县丞。玄孙四人文武皆备，后改籍顺天。福三仍居掘港为始迁祖。福四移居通州东灶镇而为此地始迁祖。明代通如异籍，相去虽不远，却分两源。

东社谱十三世起字派：裕文学朝章时克如许。

掘港字派：日月时来常 发其锦绣祥 景荣德金章 如松保朝纲。

七、盐城迁掘港支。明清之际陈某由盐城移掘港行医，遂于此地生息繁衍后代。

八、扬州迁童店支。清咸丰间为避战乱由扬州迁来。字派：衡福履泰。

九、海门移马塘支。该支明中后叶为海门著姓。因大潮被迫迁居马塘陈家大园，并将其祖先棺椁一并起移数十里葬于园前。字派：庭长忠纪国。

十、新店陈观堂支。清康熙间迁来，上源不清。清前叶其先祖某下葬，通泰两地曾有十场场官齐聚送葬之说。（按石港一支始祖明代人陈裕环，字玉宽，其始迁祖陈君受，字正禄，堂名余善，时间上和新店这支恰好相合。现陈观堂与石港隔河相望，可能为同一支）陈观堂九世起字派：瑞履宝俊达。

十一、崇明迁启海陈朝玉支。该地区陈氏多由崇明或苏南迁居而来。最有名当数清康熙时由崇明来万年开垦的陈朝玉，率族人围垦200里地，子孙散居启东、海门、通州一带。江苏大学陈东教授有其一支手抄家谱（"文革"中焚前手抄一支）。近访得知，启东市档案馆藏有该陈氏家谱。

十二、海门迁吕四陈氏支。其一世祖陈永财清咸丰间从海门一人迁启东通兴乡头村，其子孙陈兆民、陈一心成民族资本家。有新编《陈氏族谱》。（按：因上源不清，故仅录五

代人。估计亦为陈朝玉后裔)

十三、海门迁芦泾港陈氏支。陈朝玉分支后裔陈维镛,祖籍海门,清同光间举家迁芦泾港,先开"颖川堂"酒店客栈起家,后为通州花纱商,曾与张謇共同办纱厂,实力雄厚,现留有"陈氏花园"(城市绿谷)。

十四、通州城陈氏宅支。始迁祖元代人彦和,字世远,行福一,明初由苏州阊门迁通州城西。万历《通州志》载,陈尧宅在"州治西"。陈尧、陈大科后裔散居今南通市区。历史地理学者陈金渊似为此支。

十五、阊门迁海安噇口支。明初洪武赶散,有择善堂陈氏一支自苏州阊门徙海安噇口,后又迁曹家庄。曹家庄字派:家有鸿升晋善志德守慈。

十六、陈桥迁狼山支。上源不清,约于清中期通州北陈桥陈姓一支迁狼山周边居住。

顾 武陵堂 善庆堂 择宣堂等

顾氏谱云:越王勾践十三世孙闽君摇,汉封东瓯,摇别封其子为顾余侯,汉初居会稽为顾氏。魏晋南北朝时,顾姓为吴郡四姓之一。

一、苏州迁如皋一支。始迁祖顾太乙,元季自苏州迁皋南摩诃山,江坍后居夏埭。太乙孙仲明(忠八)永乐十四年(1416)任赤岸乡粮长而居李堡。后居海安及栟茶、沿南者多为其后。仲明第四子顾瑜,字继昭,于景泰七年(1456)由李堡移居白蒲,第十世蕒于明季再迁葭埭,是为白蒲顾姓双家堂支。

栟茶浒澪等地字派:后颖光川冲 上大德其甫 锦仁文艺本 谛世启夏贞 怀才用理国 登宗志守成 维永生仁士 云良美再根。

栟茶等地亦有字派:一二三四五六七八九十(学)理。

白蒲迁沿南顾家岱十七世起字派：文春云宗凤。顾家岱移石甸顾家庄字派：长祖先福（佩）。太乙居白蒲支迁岔河字派：景真宏。白蒲移凌民字派：云竹宝秀松。

二、高邮迁通州支。始祖汉代顾期规。始迁祖顾昌，字嘉猷，行福二，元末自苏州移高邮，旋迁南通州。后裔散居

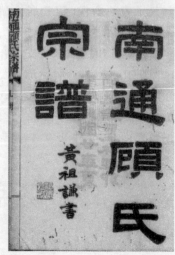

崇川、余东、后港等地。后亦于白蒲建祠，称单家堂支，旧隶通州，为南白蒲，又称西顾。该顾二十世起字派：民乃邦本　光宗成家　正德厚生　维怀永图。

三、东顾醴陵堂支。始迁祖北宋人顾尚思，字思宗，号明辅。先世居秦邮。元至正十三年避张士诚乱，后迁居通州之东关，后支分崇明、掘港等地。崇明支明末十七世通用字派：维可士志天　弘其裕秉谦　树炳培锡汉　永和昌世瞻。乾隆间该支复迁掘港南顾家园字派：凤金炳其贵（锡）。掘港支字派：瑞元吉庆　宪祖宗达　启良必正。

四、昆山迁金沙（善庆堂）支。本籍昆山，元末迁居金沙场。明万历间第八世顾应向始移居马塘。金沙支一世起字派：朴仁江中彦　新德应亦世　忠日文绍胜　必廷成（盛）贵和　学述传光训　勋猷启克昌　绵延宗主绪　相继发祥光。

五、昆山迁通州城支。始迁祖顾业经，明中叶由昆山迁通州城。以平民抗倭寇，身被十八创而殉国。是为武陵堂支。传十世后字派：鸟金曾基尔永林。顾儆基、顾觊予出此支。

六、苏州梅山迁丁堰北一支。始迁祖顾纯士，明洪武丁丑年（1397）由苏州梅山迁如皋丁堰北三十里（沿南）定居。明正德间分衍磨头顾家庄。另雪岸刘亮村一支，字派：怀启鸿。

沿南顾家庄等十五世起字派：元爱芝兰本　善培永吉祥　传宗怀孝友　继世守忠良。

吴　延陵堂　三让堂　至德堂

周太王子泰伯封于吴，其后以国为姓。太王想让三子季历的儿子姬昌做继承人，而季历因不是长子而推让，泰伯和二弟仲雍很孝顺，向太王说他俩无意做王储，为一让；为让昌名正言顺立储，泰伯和仲雍以采药为名避居乡野，周太王遂以季历为太子，昌为太孙，称二让；后周太王崩，泰伯和仲雍回来奔丧，季历又把王位相让，泰伯和仲雍推辞，又一次出外相避,在吴地断发文身,誓不回国,故称三让。孔子称其为"可谓至德也已矣"。故中国吴姓多用"三让""至德"称堂。

一、苏州迁如皋白蒲支。始迁祖吴七四,元代人,其先居苏州,元至正间避乱徙通州。子吴进,字子升,行通二,移居如皋西厢。孙吴晟,字永华,从如皋西厢迁居白蒲,遂成白蒲最著名一支吴姓。此支为车马湖《吴氏家乘》所载。另有未详去向的长房胜一支。自十七世起字派:尊祖敬宗　迪光继绪　治谋式谷　笃庆裕昆。明代江宁乡十二都二图二甲白蒲吴氏宗祠移岔河支字派:万必德学长(志)金维。

二、苏州金阊迁如皋车马湖支。据《吴氏家乘》载:庆二公,一名通二,明洪武工正,生子二,长房胜一,后未详;次房胜四,字郁葱,生洪武间,娴习韬略,燕王靖难,兵起征为领兵官,不就。遂自金阊北渡,隐居皋南乡,是为车马湖始迁祖,其后子孙繁衍。上述吴氏皆为通二公之后。但支分不同。

元代

三、苏州迁如皋吴成四支。成四,字志远,原籍苏州,避靖难之役自阊门迁来。自三世分为三支:东分支祖华先,西分支祖蕫先,西分支祖蕙先。清初有移岔河者。自十六世起字派:仁义礼智信 水木火土金(偏旁)。岔南吴家庄字派:克昌学春 吴家老园 春德明建。又字派:春世广国。

四、靖江迁如皋南乡支。明建文四年避乱由江南移靖江竹牌岭。永乐间吴茂公又迁横河而居,后称吴窑。自一世起字派:德茂胜良田 敬成百世道 延裕清正士 经训永为保 功行懋其全 学业克长绍。

五、苏州望亭迁海安支。始祖苏州望亭人,宋度宗朝郎都司吴钰,行通六。钰子吴休,字庆远,宋末避乱举家徙泰州东海安镇,生子吴蟾,字纯鉴。字派:孔石玉茂长春。

六、苏州迁皋东双甸支。始迁祖吴仲方,元末自苏州迁双甸北二十五里,后名吴家堰。五世吴信之又南移十五里至洋庄,其后多居双甸一带。自十三世起字派:中正之大道 家国益以兴 功名增显达 桂兰敏荣昌。

七、盐城迁沿南吴家庄支。本支世居江南,元明之际徙盐城草偃、东台与大丰交界处。约明前叶一次大潮,该庄始迁祖随潮水颇具传奇性地漂浮一百多里南来,遂于此处安家,已衍二十多代。字派:鼎宜炳(同)金(宗) 永德庆正丰。

八、歙县迁掘港支。古徽州歙县休宁等地吴姓多为仲雍

91

七十一世孙唐左台监察御史吴少微之后。掘港吴姓明代自歙县迁来,清代建宗祠于掘港,现仅存一块汉白玉长方形"吴氏宗祠"匾额。

九、兴仁吴家庄支。庄主绰号吴连呆子,生于1851年左右。据载,当时吴连呆子用木船去南通城装粪,转卖农户垩田,稍能维持生活。一次,他去得早,船进不了城,只能在城墙下等。忽听城墙里有女人问:"你可曾来嘞?"其随口应道:"来嘞。"接着"啪"的一声,一个沉甸甸的包袱正巧落在他身边。原来是一对男女私订终身,男穷女富,女方家长不同意。他们决定私奔,约定男方在城门外墙根等待。吴连呆子见四下无人,拿起装有金银首饰的包袱回了家。此后,吴连呆子再不上城装粪了。他买田置地,在海门有地总面积八万步之多,在当时曾显赫一时,1937年后住进南通城。

十、安徽迁姜灶支。约于19世纪初叶,吴姓一支由安徽迁至姜灶,先祖生五子显赫一时,时有"吴半街"之说。20世纪初因吸鸦片败落。现仍用字派:振启家声 克昌思德。

十一、常州迁正场支。先祖定居正场约在元末明初。约于300多年前,吴氏又有吴之源一支从常州迁来。生四子,老二迁居姜灶。余兄弟仍居正场。

十二、歙县迁通城移金沙支。该支从二十二世迁通州城中开吴福泰店,主营南北货。与吴天石同支。后移金沙,再衍。

戴 谯国堂 注礼堂 兵部堂等

周公姬旦封纣王庶兄微子启于商丘,建国称宋。至十一世国君谥宋戴公,其后以戴为姓。戴公十一世孙西汉梁人戴德、戴圣分别编成《大戴礼记》《小戴礼记》,世称大小戴。述礼、注礼也成为戴姓多用堂号。

一、天台迁如皋支。如皋、如东主要一支戴姓先世居浙

江天台黄岩石屏山。谱中一世祖为戴敏才。至南宋末六世孙戴厚，字民德，避乱迁润东吴沙。九世戴兰与弟芬、堂弟芝于元至正间迁海陵，数载又迁如皋东陈一带，后散居双甸、栟茶、岔河、马塘、掘港等各乡镇间。清嘉庆间戴联奎官兵部尚书，其后分支岔河戴家老园，始用兵部为堂号。该支元大德间八世起字派：玉服草寅 德荫卦敦 言国文南 守宇林奇 尔优鸿（宏）大。二十七世以下续定字派：一经贻子 五世其昌。三十五世以下新定字派：式承家学 咸进善良。戴宜庚等修《戴氏族谱》如皋支谱（1915），如皋字派：自寿伯序 伍治振春 世修克昌 书瑞梓祥。

二、句容迁掘港支。此支尊晋末戴硕为始祖。七世孙叔伦迁金坛，十三世宏再迁句容谷城为始迁祖。太平军据江南，句容戴氏兄弟移掘港、马塘等地。字派：益日洪光 历朝国相 左显威扬。

三、柴湾迁孙窑居岔河支。字派：宜金国新。

四、新安迁南通支。据港闸陈桥戴崇德先生讲，"文革"中某天清晨，有人敲门云："这是戴氏家谱，你们收起来，毁掉太可惜。"戴随即起身开门发现是四册手抄本《戴氏家谱》，于是收藏至今。此为皖南新安隆阜一支戴氏，约于明洪武间迁高邮，因溪蛮乱复迁来南通的戴家湾，惜至今未续谱。

樊 上党堂 崇德堂

周文王裔孙仲崦封地河南济源,时称樊邑。其后代失邑以邑为姓。上党樊姓汉唐间世居山西,后迁湖北安陆。

如皋樊氏。始祖宋代人樊斌。始迁祖佚名,与侄樊舜臣二人于元至正间从湖北避难迁皋东掘港场。叔父留居而为皋东樊姓之祖。侄南迁崇明而为崇明樊姓始迁祖。两地堂号字派相同。近代有"樊"姓简写改"凡"姓者。

自周代得姓至清乾隆第七十二代,始用字派:敦仁培世德 毓庆法天祥 人文应运启 吾祚永光昌。洋口樊家荡清康熙间起:一二三四五六七八九十。

阮 陈留堂 七贤堂

商代在岐渭之间有阮国,其后代以国为姓。

宁波迁皋南支。先世居陈留尉氏县,后迁浙江会稽。其后元代阮淑信为如皋县佐。仕满因浙闽兵乱不能回,遂居皋南南官庄,后称大阮家庄。各地分支字派,潮桥:锦善(瑞)晓(小)建。凌河移新光:长世文福如。

宗 京兆堂 锡庆堂 忠武堂

周大夫宗伯之后,或称大宗伯,掌国家祭祀、管理宗室事务,有世袭者则以宗为姓。

镇江迁如皋支。始祖宗道溥,五代时自河南避乱居金华义乌沙溪,后代迁镇江,十世孙宗泽为抗金名将。元中期宗泽孙安七、安八兄弟由镇江迁如皋,如皋、如东宗姓多其兄弟之后。安七公为如皋始祖。字派:安受名人 泰德日国。九世以"人"字傍,十世以"鸟"字傍,十一世"木"字傍,十二世"永"字,十三世"之"字,十四世"美"字,十五世"庆"字,十六世"显"字,十七世"必"字,十八世"明"

字。从十八世至三十三世字派：明昭有周　式序在位　慎守敦笃　世乃永昌　先芬源远　流芳千古。因宗悫为宋时振武将军，后裔逐称"忠武堂"。

梅　汝南堂　敦本堂

殷王太丁封弟于梅邑，称梅伯。其后裔长沙太守梅茂，子助汉光武复国有功，封汝南侯。故以汝南为郡望，其后世居安徽宣城。后有数支占籍苏州。元明之际，苏州梅姓又多移江北泰州界。故泰州有几支梅姓同源不同始迁祖。

一、苏州迁海安支。元末兵乱，有梅萼，字宗杰，与弟宗达、宗善三人至泰州海安镇。宗达居东台安丰，宗善失记。宗杰于海安补邑生员，所居之地称梅家巷。一世起字派：宗鼎芳元　汝启文品长　云遐如松　昭有周广（止于清光绪）。

二、安丰迁如东支。晚明间宗达安丰支移居栟茶沿口，明末及清中前叶又分支散居于沿南、于港、岔北等地。1840年，宗杰、宗达两支梅姓后人合创《梅氏家乘》，同时立宗祠于海安镇。安丰迁如东支字派一世起：宗子时蕊大成川一应献　忠贞昭日　节义广崇　德益志成（谱止清光绪"德"字辈）。

冒　榜花堂

如皋冒氏。

宋《百家姓》中无冒姓。如皋冒姓其先蒙古人，为忽必烈九子孛尔只斤·脱欢帖木儿裔孙德新之后。德新长子冒致中为如皋冒姓一世祖，字东林，官两淮盐运司丞。元末天下大乱，张士诚挟其至苏州，封妥督丞相，拒不受。后其在友人帮助下，逃离苏州，遁迹东陈，变冒姓。二弟启之居泰州，亦用冒姓。三弟桧自常熟来如皋投长兄。至五世冒政中进

士，为冒姓第一位上榜之人，故冒姓通用榜花作堂名。今国内冒姓多为其兄弟之后。明成化创修《冒氏宗谱》时，冒姓后裔因政治、民族等原因，对变姓之由缄默不语，致使后来冒氏族人与史家考据持多种说法。有说冒姓唐时已有之。有说其恨红巾作乱，便有"红巾使我失家园，我去红巾不冠帽"之意。明初朱氏以红巾起家，故冒氏不敢声张此意，其实今天只要查其后人的DNA，便知是否蒙古人，无须争论。

今如皋多致中一脉，称河西派；皋东多为桧一支，称河东派；另德新之兄后裔居兴化，改葛姓。

河西字派，明嘉靖末九世起：应志继嘉 书士重瑞 景宗克铮。

河东字派，二十一世起：维乃祖彝训 忠厚世永昌 传家崇德礼 华国式文章。

薛 河南堂 三凤堂

出黄帝第二十五子任姓。裔孙奚仲居薛地，乃以薛为

姓，至仲虺为汤左相，世为侯伯。经六十四世到周代为楚国所灭。唐代薛收、薛元敬、薛德音齐名于世，称"河东三凤"。故皋邑等薛姓通用作堂名。

苏州迁东皋支。如皋薛姓始祖为南宋人薛硕，生富一、富二，一居金陵，一居苏州。富二生后辅，后辅生伯麟等三子，伯麟生安一、安二、安三、安四。朱元璋与张士诚战于苏州，兄弟四人避乱逃难于江北。安一、安二分居如皋岸头（薛岸，今雪岸）和白蒲，安三西去扬州东仙女庙，安四北居盐城。本地薛姓皆为其兄弟之后裔。

现如皋有新续《如皋薛氏宗谱》。统谱一世起字派：安德国景宗允尚　滕子卿臣三四五　永凤大云正儒镜　后思发在花前。

马塘清嘉庆始字派：玉宏井松志桂定。

东陈字派：子树其家本。

邱　河南堂　文锦堂

姜太公助周武王灭商，封齐国，都在营丘。其子丘木，即丘姓得姓始祖。北宋末，河南丘姓避乱徙至苏州北流村。清雍正前皆丘姓，雍正朝避孔丘讳，而令天下丘姓皆改作邱。

一、苏州迁通州支。元末（元顺帝时）有丘念七、念八兄弟避乱北迁，念七去向失载，念八居通州姜灶，煮盐为业,入灶籍为盐官副使,生三子惟道、惟忠、惟岗。念八遂为迁通丘姓始迁祖。其后多居金沙场、十六总一带。自明清至中华人民共和国成立前后,陆续有分支北迁掘港、马塘、岔河等地。来得早的字派已乱,来得晚的如岔河等邱姓则与金沙同。金沙自十四世起字派:载积仕仁 克成(乘)祖训 允启来兹。有文锦堂《邱氏宗谱》存。

二、武进迁掘港支。清末迁来。字派:益茂金瑞荣。

三、东台迁浒澪支。清中叶迁来(四字辈)。其字派:一二三四五六七八九十。

叶 南阳堂

系出沈姓。楚国沈诸梁封于叶,号叶公,子孙以封邑为姓。明代之前苏南江浙两地叶姓皆出自北宋初叶逵一支。叶本括苍松阳人,后迁湖州,并有别业于吴中洞庭,生三子。长子颖乃居括苍,次子参生二子,居山北称北叶。三子元辅,居山南称南叶,曾孙四人,名勤、助、效、劭,助生叶梦得,开昆山派,子孙遍布苏浙。

一、婺源迁泰东支。始祖原居婺源龙尾山,元至正十一年避乱迁居淮阴,生二子五孙,分居苏北多个州县。其五世孙叶僖,字秉国,约明弘治间由阜宁徙泰州东,是如皋(含如东)、海安、东台这一带始迁祖。岔河支明末起字派:之从永(如)昌 梅书(树)元春。

二、苏州迁东陈支。明初苏州有一支迁如皋东陈,后移居河口叶家庄。清乾隆始字派:永定必金正 长希守相功。

三、宁波、江浦迁皋东支。约明成化前后,浙江宁波、江浦异县同枝叶氏先后迁居岔河北乡,后以叶家庄称,古坝叶家庄为其分支。宁波支字派:书元春秀学正德长(大冬祭祖)。瑞安江浦支字派:秀圣德长有(小冬祭祖)。

田 雁门堂 紫荆堂 万利堂

陈历公之子完，字敬仲。陈宣公杀其太子御寇，敬仲惧祸而奔齐国，遂匿其陈姓为田氏。故后世有"陈田一家"说。汉代田真、田庆、田广兄弟将祖产分成三份。唯堂前一紫荆树未决，后共议劈作三份。次日其树自枯如火燃，真见之大惊，对庆、广二人说："树本同根，闻之将斫，故而憔悴，人怎不如木也。"不复分树，树遂乃复荣茂之象。故田姓多用紫荆作堂名。

一、苏州迁如皋支。如皋田姓始迁祖田春庄，元末避乱自阊门迁如皋。后十五世孙田树鹏于乾隆初由柴湾再迁于港复兴庄，已见十二代。如皋雪岸田家庄位于柴湾东数里，似为同祖。自晚明七世起字派：仁恒明瑞兆 步恩春树正 志振兴中华 百世永昌（后八字为族人新增）。于港字派：树正□□□ 金道广玉祝。

二、阊门迁丰利支。本支祖籍山西，明前叶亦经苏州阊门迁丰利西北耿家庄之南"圈地而居"。字派：朴如国大 学开道启。

喻 江夏堂 敬义堂

郑国公族之后有汉代苍梧太守谕猛，改姓喻，为喻姓始祖。

一、江西迁通州支。通州支始迁祖喻元叙，一名洪江，字邦佚，世居江西新建。元至正间李天禄以元帅守通州，聘元叙为书吏，遂家于通州东社镇，入余西场灶籍。

二、余西移潮桥支。明末清初，余西有一支向北移居如东潮桥，喻家港为其初居地，后星散四乡。字派：玉成先志。古坝字派：宗明（继）成先志。岔北字派：玉德瑞成先世。

三、南昌迁东社支。先祖居江西南昌市郊，南宋末因避元乱，喻承乾、喻承业兄弟举家迁海滨。此为一世祖。清道

元代

光间喻世寿为武举人,住四甲大河头,至今已二十六代。有《喻氏家谱》。此支与第一支应为同宗同源。

冯 上党堂 大树堂 树德堂等

周文王第十五子姬高封于毕,其后毕万封魏国,毕万支孙长卿封冯邑。上党堂尊汉左将军冯奉世为始祖。另东汉征西大将军冯异,助光武复国屡立大功却不争名利,每战后论功,则避大树下,军中称大树将军。故其后裔用以堂名。

一、镇江迁如皋冯家堡支。始迁祖冯静山,元末自镇江金山卫迁丁堰北,遂有冯家堡。后裔遍及如皋如东,是东皋冯姓主源,有谱十二册一套存。六世起字派:从允世天效 上兆伯守大 学长龄映克 绍祖志庶启 良修继承合 定远锡懋献。景安冯家楼移岔北字派:德祖志庶(素)。栟茶移岔河字派:伯道德洪。

二、金坛迁通州大树堂支。始迁祖冯君宝,世居金坛,明初迁通州金沙场。后五世孙名礼、智、德、美,分衍东西南北四支。六世孙冯鸾(名医)支最旺。后裔云鹏云鹓兄弟编《金石索》。明嘉靖四十一年(1562)始创家谱,后不断续谱。

三、阊门迁苴镇、新光、石屏一带冯姓,部分或由苏州阊门迁来。新光冯家庄支字派:春日载阳。又:如松兰盛。新光移掘港:万长如松。丰利:玉石永万茂盛。

四、溧水迁掘港、岔河支。清咸丰间避难自溧水先迁掘港开老虎灶,后举家移居岔南。字派:盛玉传纪广。

仇 南阳堂 贻德堂

源自子姓。商代末有三公,其一为九侯,被纣王所杀,其后代增人旁为仇姓。得姓始祖为春秋时宋国大夫仇牧。

一、歙县迁皋南支。祖籍徽州歙县。元末经苏州阊门迁如皋南再分支海安仇湖一带。明清间再分居如东古坝景安。

其族在如皋、海安、如东三县皆有类似"水牛斗白龙"的传说。

元代

二、兴化迁掘港镇支。先世为兴化、盐城（疑似同姓同宗）里下河船户，后于通州、皋东一带行船过港，沿各乡镇码头做生意为主，至晚清间定居掘港镇。古坝仇家庄字派：永宝金建。景安字派：茂盛贞（增）建。掘港字派：彩永金惠旭。

三、太仓迁通城仇氏支。祖籍太仓，太平天国间迁扬州，民国初期由扬州派任通州盐官居城内。兄淼之，书画家。弟焱之，大收藏家，由沪移居瑞士。

曹　谯国堂　武惠堂

曹姓有二源。周文王第十三子振铎封曹立国，为宋灭，后代以国为姓。另一支颛顼玄孙第五子安为曹姓。周武王封于邾，为楚灭，后代有复曹姓者。

一、常熟迁通州余西支。南通地曹姓大多为汉代平阳侯后裔北宋大将曹彬之后。曹彬为武惠王，后代多用武惠为堂名。彬五世孙曹珏由汴梁迁居姑苏，卜居常熟福山。及十世孙宣徽院副使曹崇寿子尧卿仕元为盐铁副使，后弃官带两弟尧咨、尧民徙江北通州余西场，后再分十三支，晚明平潮杀倭名将曹顶及明末说书名家柳敬亭即此后裔。从明成化至清初后代分衍通州、海门、如皋、如东各地。河口支一世起字派：廷有联明瑞　大启世永书　宗宜连显达　德裕克昌余　土本培家学　思荣绍以恩　立功增祖武　继续自开基。

二、阊门迁如皋支。明初自苏州阊门亦有一支曹姓（或与曹彬有关）移居如皋岔河北，亦用武惠堂。

三、歙县迁岔河镇支。明末由歙县迁来。用金水木火土为偏旁取名。

四、江南迁启东支。2016年启东有一支曹姓后裔，经复旦大学遗传研究所DNA检测确认为曹操后裔。

五、绩溪迁金沙支。安徽绩溪一支移居金沙。字派：志士光家国徽猷。

六、吕四支。除余西分支外，另有镇江曹甲大村迁入一支，已传二十三代。

蔡 洛阳堂 东昌府 忠义堂 三让堂等

周武王弟叔度，受封蔡国，子孙以国为姓。

一、苏州迁栟茶支。始迁祖元代汀州人蔡希右（1295—1365），字子安，先世居河南，两晋之乱渡江南徙。萧梁之季避乱又入闽省。其六世祖乃迁苏州。延祐二年，子安复回闽省宁化。此年值江西蔡五九造反，因与同族，惧牵连之祸，复又回苏州，后张士诚据苏州，子安率妻子及二弟四侄由虞山迁泰邑栟茶场。时海滨土地荒废，公率子侄亲自耕种，使荒芜成沃土。其弟侄后分居泰州、如皋、兴化、江都、仪征等地。清中叶间，有一支"叔嫂换茶"，被视为不伦之举，逐出族，称为"野蔡"。又如皋一支蔡姓与岔北蔡庄之本家共居一村，也被称为"野蔡"。清乾隆间，栟茶徐、蔡之争，导致"一柱楼"惨案，致使栟茶数十年间古籍消沉，风雅绝响。晚清蔡观明之祖用"三让"为堂名，告诫蔡氏子孙，凡事须学吴姓"三让"，避免此等遭非议之事。

二、泰兴迁如皋支。始迁祖北宋仙游人蔡襄，字君谟。即民间唱书传说《蔡状元五造洛阳桥》的那位状元。宋代"苏黄米蔡"即指他和族弟蔡京。其曾孙驸马都尉蔡梦祥配元廷月媪公主，为扬州路总管检校尚书，因泰兴为其汤沐之邑，遂家于此。生九子，文一、文二、文三爰居爰处。因文四联姻如皋故族，遂来如皋城南安定乡安家为始迁祖。其子蔡升，号品全，建文己卯与王翦、张真、许孚、黄用、刘鑑同举于乡。其后散如皋、如东各地。各地字派如下：

栟茶蔡家庄十七世起：继绍增美　秉正守法　祖茂荫长　世修明德　保大永昌。

如皋支一世起：文品惟庭士　国元宇启生　一世裕明广　进学业可成　显由才中庆　东方达西星　宏光久能福　王遵万道荫。

三、苏州迁先锋支。晚清蔡姓一支做盐商，自苏州迁来先锋安家落户。至今已500多户。老三房字派：天万锦学福子荣。已传十代。

于　江夏堂　忠世堂

周武王第二子邗叔封邗，后代离邑以邗为姓。江浙于姓多为北魏将军于瑾之后。两宋间近两千人的于氏家族从鲁豫一带避难汇聚于仪征，后称于家营。再由此分居江浙皖赣等江南之地。元明之际又迁江北。

一、苏州迁栟茶支。元至正间由苏州阊门迁来。一世祖明怀远大将军于光，字大用，世居姑苏，幼随父祥英避兵于都昌，25岁起兵助朱元璋，洪武三年（1370）为元兵杀害。永乐中，其子于彦达往求遗体归葬栟茶，后建于昭毅将军祠。每年农历二月初九为其家族大祭之日。字派：一二三四五（万）六（长）七（玉）八（绍）九（久）十（纯）。如皋十里桥于港南字派：长尧鹤（学）。

二、昆山迁通州于家园支。始祖于来通于清康熙间从苏南昆山迁至骑岸镇于家园。

成　上谷堂　纪德堂　志庆堂

周文王第五子被武王封于郕，故号郕叔，其后去邑为姓。

一、丰城迁海门支。据《成氏宗谱》载，江西丰城始祖成守谦，至五世成仲生仟七、仟八。元末兄弟二人渡江居通州。仟七生继二，居海门滥泥港；仟八生继三、继四、继五、继六、继七,居通州清干乡。明嘉靖间,海门坍江迁县,通州割借清干乡六里给海门难民以存乡贯图甲。稍后也有改籍分居于如皋、盐城、扬州等地者。

二、海门迁潮桥支。明中后期,海门先有一支移潮桥南乡,另一支明中叶移居如皋者,在明清之际也转居于潮桥南乡八姓庄,与同宗成姓共居沿海乡四都四图。两支字派有别。

潮桥斗姆宫字派:文国有开 元肇(仁)良鸿。

潮桥八姓庄字派:金学(联)国文(德)章。

管 晋阳堂 锄金堂

郑州管城为周文王子叔鲜封国,子孙以国为姓。

一、常州迁如东支。始祖春秋齐相管仲。其后裔管重和、别弟举家于元至正十七年(1357)自常州华渡里迁居掘港。"锄金",典源自管仲三十一代孙东汉管宁锄园得金而不取之事。管氏在如东以盐业为生计,又称煮海。掘港管氏在

明清两代乃至现代出了不少人才,留下众多文物古迹,在《管氏世家谱》中多有记载。

一世起字派:堂正八成胜兴玉　木应养士正学天　慎乃俭德　维怀永图　其旋元吉　祝履吉祥。

二、掘港迁角斜支。晚清掘港管氏一支迁东台之角斜,传五世,于民国十五年(1926)七修家谱时归宗同谱。

元代

尤　吴兴堂　贻怀堂　余庆堂

尤姓始祖原名沈宗,字士主,谥思礼,五代时闽王王审之婿。因避岳丈之讳,改沈为尤姓。

一、苏州阊门迁如皋支。昔江苏尤姓始祖尤叔宝,北宋天禧间自泉州迁常州府无锡县。自此江南苏、镇、常三府及下各县尤姓广布。如皋一支元末自阊门迁皋南江边竹排岭,始迁祖尤天立。景安尤家庄曾掘得一墓志,墓主为尤禄疏,清康熙间人,其祖籍为漳州,是故一云尤家庄始迁祖于清初由漳州迁来。今碑毁难考。按别姓谱载,双甸在明中叶已有尤姓居住,景安等尤姓多言其祖上从阊门迁来,堂联(毗陵世泽,鸿博家声)与如皋相同。如皋有八册一套《尤氏宗谱》存。诚然,尤姓和其他姓氏一样,当初本是一家,只因时空变化,有分有聚,从皋东两地堂联俱是毗陵(常州),可知其祖籍相同耳。当然,本是一家的漳州尤姓千里投奔同姓,在过去朝廷政府靠宗族维护社会稳定的时代,是很正常的。

尤家庄明天启至清咸丰字派:尔体继(树)宏文 会(谷)开大(骏)学(良)以。

景安尤家庄字派:呈开大学 以锡云来 文章维质。

二、高邮迁崇川支。通城尤氏自明初由高邮迁通已逾五百年,自尤彦清公以下,有尤其伟、尤其侃(无曲)等名家,人才辈出。惜家谱毁于"文革",幸之前抄录一支单传系表,保存至今。

周　汝南堂　细柳堂　爱莲堂　濂溪堂等

东周为秦所灭,赧王被黜为庶人,百姓以国称其周家,故其族用周为姓。西汉有掌细柳营的大将军周亚夫,北宋有作《爱莲说》的著名理学家周敦颐,故今众多周姓族人皆用此类出典作堂名。

一、苏州迁栟茶支。元末周彬,字文质,先世居姑苏吴江,为周敦颐之后。避乱(谱中说避靖难)与弟文光北渡隐于栟茶。后周氏分东四总、西六总,两处宗祠,同时创谱。西周先成。六总分两堂,东名斯文,西称爱莲。其后散于如皋、海安、东台等地。两种宗谱皆存,字派有别。丁堰周姓由栟茶六总分衍而来。

栟茶四总一世起字派:文贵美以继　世邦士之道　鸿从先弈佑　继贤昌远载　新毓懋其传　德光茂长　克绍忠孝　卿相辅臣　万民乐耀(后十六字清同治间续,尚未用到。又自十四代奕字辈始用:一二三四五六七八九十)。

栟茶六总字派:万端时世　延谷惟思　继美士克　昌尔嗣长　发其贤俊　炳耀显扬　绍之有元　荣映达尊　家学光宗　广集云从　德立同登　永庆绪承。

大豫字派:银坛殿志朝　立代忠九高　俊廉振祖国　奉献保维华。

五义字派：新兴长学庭　逢锦宏玉恩。

二、苏州迁皋南周氏支。始迁祖周平野（崇伦），原居姑苏，元末明初避战乱，率立本公等五子（福益、禄益、寿益、喜益、财益，其中立本公行五）及丁、黄、严等姓人氏，为避朱元璋、张士诚战争，于1364年从苏州阊门迁如皋、泰兴、泰州一带。其中财益、立本公迁居如皋西南乡摩诃山前的竹牌陵住下。明永乐年间（1403）因长江水溢北迁，摩诃山和古石庄坍入江中。人们被迫北移，周氏族人便移至现在的江安镇戈堡村，并建爱莲堂周氏家祠。其余兄弟四人分别在泰兴沿河、泰州广陵等地各自建祠。（《如皋爱莲堂周氏家谱》）

三、苏州移吕四支。元末明初，朱元璋与张士诚在苏州交战期间，张士诚妻梁氏及子（后名周确）由部下周国俊（海盐人）于1367年从阊门协逃至吕四，后再迁通州西亭。

四、无为迁金沙支。祖籍安徽无为，明初迁西亭，散居骑岸等地。字派：华国文章　永传家邦　光宗修德　万世运昌　承前启后　源远流长。

五、阊门迁汤家园支。元末自苏州阊门迁来。早于明初山西迁来的祝姓，其住地称周家园。字派：怀明仲友（正）福。

六、通州迁桐本支。如东桐本周家新园一支，原居通州江边，后大潮坍岸埂居舍，无奈移居马塘东南。字派：长裕锦克明俊德。

七、苏州迁通城支。汝南郡周福堂一支，约明末清初从苏州迁通州城。

八、绩溪迁通城周懋琦支。始祖世公，宋隆兴元年（1163）进士，授歙州太守。据《安徽绩溪周氏宗谱》及《周氏源流家谱世系之图》考，该支约在清中后叶迁来通城，清同治间周懋琦曾任台湾知府。著有《全台图说》（内有钓鱼岛）。

九、太仓迁茅家镇支。太平天国时期，一支周氏从太仓

元代

迁居海门茅家镇。有后裔周雁石为民国藏书家、教育家。

十、东皋周庵支。皋邑东北周氏上源不清,人众多,清代建周庵家庙。

十一、山西迁通州先锋支。明初从山西强制移民一百多万,迁徙至江浙等十余省份。集中于山西洪洞县城西北贾村西侧广济寺一棵老槐树下设关办理移民手续。周家祖先系明朝军官,有军功,因为人过于耿直得罪宦官,被人诬告于明太祖,遂削职为民,大迁徙时来到东海边。始迁祖被尊为"忠孝公",建有祠堂,有家谱。

十二、崇明迁川港周支。有三大家。南周家原籍崇明,清代迁来,祖先中七品以上官有六七位。东周家出有名人周家禄,曾显赫一时。北周家先祖系东洲(海门一带)人,清朝时迁来定居,现后人大多居上海。

十三、大丰迁墩头支。鼎柏堂一支于清康熙间由大丰迁来,主要居住在海舍和曹庄一带,是为该地北支。南支系明初由苏州阊门及周庄迁入。据《周氏大统宗谱》载,明初周敦颐十六世孙周箧从无锡游学到吴江,入赘周庄富贾沈秀(万三)家,成为沈万三孙女婿。此乃爱莲堂建于苏州之成因(由周瘦鹃主持)。据塔墩、鹿汪《周氏族谱》载,洪武赶散时,"爱莲堂"一支迁居海安西部一带,居雅周塔子里。明末清初又向曲塘、南莫迁徙。后又迁墩头、白甸一带。

十四、苏州迁吕四支。此支约于明洪武初迁吕,人称西周。又说先前另有一支周氏居东洲河(即东周河)。

郝 太原堂 晒腹堂

殷商王朝到帝乙时,王子期封于太原郝乡,后以邑为姓。

阊门迁如皋郝姓。元明之际避战乱由苏州阊门迁如皋吴窑。字派:三元万有瑞 兆荣昌传佳 维德忠贤良。清嘉庆至同治间:盛遐崇伦。

石甸移袁庄字派：水长锦云。

桑　黎阳堂　铁砚堂

秦大夫公孙枝，字子桑，其后以祖字为姓。

苏州迁如东支。该县铁砚堂桑姓，为五代时后晋河南人桑维翰兄桑维聪之后。桑维翰初考进士未第，后自铸一方铁砚，誓言铁砚磨穿，不中进士，不复读书。后中进士，授翰林大学士，进中书令。其后人与族人多用铁砚作堂名。维聪之后自洛阳迁姑苏。宋末元初九世孙千二生道寿，道寿生四子，茂一为常熟派，茂二为江都派，茂三为无为派，茂四为苏州派。茂四子桑荣，字显之，元末明初自阊门迁丰利，是为皋东桑姓始迁祖。其后分四房，桑荣后来为百夫长，勾管盐务，洪武二十一年（1388）因蔡玄首盐法事连坐。次子桑允，字恭达代刑，时称孝子。本地区桑姓多为其分支。

八世起字派：应愈九长士启（宜）有（一）世（本）万利　合之乃盛　炎其泰昌　修仪立业　可以成章　功德昭著　千载嘉祥。

金　彭城堂　积善堂　丽泽堂

黄帝第三子少昊，即金天氏，以金为姓。西汉金日磾事武帝，武帝以休屠国曾作金人祭天赐金姓。

一、阊门迁岔河金家庙支。元至正间自苏州阊门迁来，已历六百余年，三十代人，金绚明在明代出任过管理黄河的御史，即明万历间金御史，建立的家庙与御史匾额及历代祖先牌位毁于1948年前后。曾编纂过《金氏族谱》，今难得一见。清初至咸丰字派：藩伯立学（怀）利兆中。

二、苏州迁平东、白蒲支。金氏原籍安徽休宁，后移吴兴。明初始迁祖金广明，由苏州阊门迁至通州北三十里金王园。于明前期建家庙金观音堂。清道光间建金氏宗祠。西到车马湖，东到刘桥、陈桥，北至白蒲、林梓、双甸一带有其分支。江安亦有金姓一支。

三、徽州苴镇支。该支由丁、金、何表兄弟三人自徽州迁来。金家庄字派：发长学德本宝。

四、通州城支。据云先世为元代蒙古人，元末时改金姓（类似保、达改汉姓）。然上源不清。

五、扬中迁石港支。上源来自南京、镇江一带，因扬中坍塌，辗转来到通州五窑东部。

六、北京迁通支。该支先祖为清初爱新觉罗·豪格后裔，后改金姓。清末迁通城张公馆当差。字派：常增茂恒（毓）。

谭　济阳堂

大禹为姒氏，其后被周封于谭，在今山东章丘一带，国灭后其子孙以谭姓。

一、江西迁海安支。祖居江西，元末明初迁入海安镇，现其后裔仍居明代古建筑老屋里。谭宅柱子下的木鼓墩称"压元"，意为压住元朝。后裔中以"三谭"（组云、少云、小云）著名。

二、里下河迁潮桥谭家园支。先世为船户，明清两代往来于里下河与皋东汤家园、潮桥一带，以捕鱼出售河鲜为生。清雍正前后半船半农始居潮桥南乡。咸丰起字派：怀有元长　邦家之光。

三、宁波迁岔东支。清光绪间一支从宁波逃荒而来此定居。

包　上党堂　硕德堂

楚大夫申包胥之后，以祖字为姓。

一、合肥迁通州支。该支系北宋名臣包拯后裔。祖籍合肥大包村。元中叶其后包宏始迁通州为一世祖。明末清初出有名士包壮行。

二、皋东分支。宣德前后,有一支居通州龙王庙四世,再支分移居丰利华严庵西北某村,又居四世。明嘉靖间又移丰西保家庄至今。字派:文学元步永春。

岔河等地包氏系通州支分如皋林梓包家原后裔,清嘉庆间移居岔北地藏殿后又有分移。字派:维裕玉胜(秀) 锦(甫)正光华。

童店包家园一支。清乾嘉间其老祖夫妇带一副纺车,自南通移居掘港场南搭棚而居。次日晨起见一双白兔于门前追逐跳跃,心喜有旺兆之象,遂植棉纺纱,辛苦勤劳,日渐兴旺。到晚清其后所织纱布,皆销于南通监狱。饮泉包家横庄为其分支。字派:金林志建。

三、苏州迁丰利东北支。为洪武后期自苏州阊门奉诏迁此,为丰利最早六姓之一,世为灶户。

任 乐安堂 东海堂

黄帝少子禹阳,受封于任,后以国为姓。

一、苏州迁车马湖支。始迁祖任裕后,亦名任钦,字良俊,明代自苏州迁来。字派:允远士大中 万正吉顺太。

二、通州迁双甸支。先世居苏州王小二庄。元至正初六十三世任华三,字封祝,经通州迁居皋东七十里双岔之间运河南杨家店,本地任姓多出此。另,本地也有仁姓者,一说也本姓任,也为苏州迁来。双甸支二世起字派:志普文木（旁） 走（字底）应士世 中言（旁）金（旁）学 大宗永庆 为（维）善乃昌 远承先泽 长发其祥。

三、双甸迁丁所支。明代任何湾从苏州阊门迁如东双甸（设有任氏家庙）,生三子,一子任忠野迁居如皋,二子任正野迁居丁所,三子任福野迁居李堡。丁所任氏已衍二十多代,历四百多年。字派:新年昌弼大忠永庆为善。

蒋 乐安堂 三径堂 吉余堂

周公第三子伯龄封于蒋,后代以国为姓。伯龄四十五世孙西汉末杜陵人兖州刺史蒋翊,字元卿,不满王莽篡位,辞官归里,荆棘塞门,唯留三径与高逸之士往来,故全国蒋姓多以此名堂。元末兵乱,洪武赶散等致使苏南、两浙蒋姓数批迁苏北,在如皋,以江宁、沿海、赤岸三乡为多。

一、苏州迁海安曹庄支。明末为避战乱,先祖（乃明崇祯十三年举人）鄙视清朝,从苏州阊门逃出,一迁启东（清顺治二年）,二迁戴南（清康熙初）,三迁曹庄（约1725年）,至今蒋姓仍为墩头镇大姓。字派:永可安庆 文昌宗禄龙 大家传政德 尔吾自同兴。

二、东陈迁石甸支。始迁祖元末避乱,携妻并肩挑一担,一头幼儿,一头为镇宅石（石敢当,至今仍在）,其后代多居如皋西部,与如皋东陈蒋家庄蒋姓为兄弟。蒋家圩子字派:长学鑫志。

三、李堡迁潮桥蒋观堂支。先世河北静海卫（天津）,两宋间迁六合，明初移民赤岸乡（李堡），不久又移潮桥。后又有两支蒋姓自江南汇聚来此。蒋观堂字派：忠臣吉昌 邦家之光。浙江奉化清初移潮桥再迁岔南支字派：甫廷朝言建。

四、常熟迁通州支。始迁祖觉惠与弟觉诚居南沙，即苏州常熟。明洪武初分迁通州。分四房传十九世。（祖坟在东门得胜坝）

五、常熟迁海门永安镇再移兴仁支。据兴仁《蒋氏家谱》载，先世居山东后迁常熟，因清雍正二年（1724）海啸，永安镇坍塌，再迁兴仁镇。

六、苏州迁幸福十家套支。明末始迁祖蒋银香从苏州阊门移此开荒种地。字派：银南国学玉 洪元金如泉。

七、安徽迁李堡支。明末从安徽移居而来。字派为：国有大成。家祠在东大街。祖上曾藏有圣旨、诰命等。后裔有蒋琪、蒋琏兄弟闻名。

八、宜兴迁东陈支。始祖为函亭侯蒋澄。东陈镇有蒋家庄、蒋家庙、蒋家茶庵，今有蒋宗村。

汪 新安堂 宝德堂 宝彝堂 滋德堂

春秋鲁成公次子生而有文在手，合成汪字，遂以为名。居封地称汪侯，其子孙以祖名为姓。三十九世龙骧将军汪文和南渡为江南汪氏之祖。至唐代四十四世越国公汪华，生子九人并得毓爵。第七子爽之二十九孙，也即统谱第七十三世元代进士汪迪吉，授知县挂冠不仕，飘然远引，偕弟继芳渡江而北，迪吉居泰兴古溪，继芳迁如皋丰利场。

一、古溪、丰利支八十二世起字派：文士起之 承毓登辰 仕达耀祖德 福善集嘉祥。

二、古溪迁如海支。迪吉居延令古溪镇，古溪处泰兴、如皋、海安、姜堰四县交界处。故今如皋、海安汪姓多有此支者。清乾隆至民国间字派：景国魁松 步余正金。

三、歙县迁海门支。《宋迁歙西过塘汪笃近堂谱图》及《汪氏家谱》叙述，自海门于清乾隆三十三年（1768）设厅后，徽商陆续来海门，并于清道光间建徽州会馆。茅镇汪克明一支避乱迁来海门并定居。

四、歙县迁角斜支。据说李白"桃花潭水深千尺，不及汪伦送我情"诗中的"汪伦"，即是汪家的先祖。汪家祖先从事盐业，最早定居角斜场的为第八十八世祖，盐商汪瑶圃。系汪鲁门的曾祖父。汪禹门、汪鲁门、汪龙门三兄弟皆出生于角斜。汪鲁门曾任海州知州，扬州大德制盐公司董事长，角斜大赍盐垦公司董事长，后代皆有所作为，系角斜望族。

祝　太原堂　益润堂　本立堂　世家堂

系出有熊氏。周武王封黄帝之后于祝（在山东），后代以国为姓。魏晋南北朝时，太原祝姓比较显赫，故郡望出此。

一、太原迁通州石港支。元末天下大乱，太原祝姓避红巾军跋涉数千里，来到通州石港场。不久始居皋东沿海乡四都四图七甲烂缺口（在后来汤家园南），后分居东西二园，称祝家套。民国初其族人有文化者花数年功夫编纂成《祝氏宗谱》一稿，因户多财乏而搁置未印，后失佚。祝家套前十六世失忆，民国间自祖字重订字派，十七世嘉庆间起：伯雨文承如　祖階（立）宗功怀旧泽　水木源本系遐思。

二、兰溪迁如皋支。石甸祝姓一支出自如皋祝姓。而如皋祝姓出自浙江兰溪，元明之际迁如皋。早先"穷居乡野"，后来"富奔城"。祝家套早年间有一支较富裕，有能力延师课子，教子成名而居如城。很奇怪的是，如皋沙、祝、明、常四大家，仅沙家有宗谱，还世系断代。也未见南通地方有文史记载其他几家族史。故存疑俟考。

石甸祝家庄字派：金裕怀德仁义。

石甸南祝家庄移丁堰字派：应宏万祥。

五、明 代

外国文

保 勤业堂

保姓来源有二：一说为元代河南（颍川）王中书左丞相王保保为其舅扩廓帖木儿立嗣。元亡，其妾带幼子（冷海）迁通州崇川，用父字为保姓。另一说，1368年朱元璋赐蒙古人讳罕之后元善以"保"姓，封"天官"，元善得姓未受封，而流寓通州西城，在荒地上定居下来。落户崇川之初并不顺利，明清至今，颇有起色。

南通统谱十七世纪起字派：钦明文思 允恭克让 亲睦九族 协和万邦。兴东支，自十七世始，有"允至睦"等字辈。

岔河保姓字派：浦思克（亚）。

平东保家甸支。蒙古族后裔。保家甸始建于明万历四十年（1612），源于叫保甸的民间画家。为便于作画，居住于姜家口子河东。其后一支1900年迁入苏州张家港。留居者改为陈姓。

凌 河间堂 忠恕堂

春秋时卫康叔子任周室掌管冰块的职官，称周官凌人。其后代以官职为姓。此凌姓与"双木"林易混听，故本地人也称"叉角"凌。

一、湖北襄阳迁通州支。元末明初，始迁祖万二由湖北襄阳避战乱迁通州城，后裔有凌相等名人。万一、万三分迁苏州、泰兴。万二及妻室子女葬于天生港北原。有谱存。

二、湖州迁通州支。通州凌姓始祖凌时中，世居湖州安吉，元代官秘书少监，子凌懋翁为翰林学士，懋翁在元末分遣十个儿子，散居于江浙之吴江、苏州、通州及杭嘉湖地区。凌蒙，行寿十一，居苏州；凌丰，行寿十三，迁通州为始迁祖。寿十五、寿十六无考。泰州支始迁祖凌安栖，是永乐间自苏州阊门避乱迁至，落户于姜堰罗塘。

明后叶石港移岔南凌家庄字派：芝仲合德友。

岔河凌姓清初始字派：维文正之道 云香敬学。

泰州清代移岔南支字派：洪如松治志。

三、海门支。太平天国时避战乱迁来。民国间凌晏池与大画家陈师曾友善。

彭 彭城堂 世德堂 留余堂

陆终第三子篯坚受封彭地，建大彭国，称彭祖。徐州铜山为彭姓发源地。其后彭姓繁衍播迁均始于此。

一、沙洲迁吕四支。据万历《通州志》载，明洪武二十三年（1390）八月十三海啸，溺死吕四场盐丁三万余口。当年朝廷下旨，从白茅口（今沙洲县）押丁到吕四，先抽杜、顾、卢、季、周，后抽毛、彭共七姓。彭姓为最早迁入吕四姓氏之一。彭家后代中彭宝荣为首富，彭大翼官拜奉训大夫，著有《山堂肆考》与《一鹤斋稿》。

二、宁波迁东灶港支。据《吕四留余堂彭氏家乘》载，该支尊彭延年七世孙彭子忠为北迁始祖（宁波），徙居东灶港。又云为吕四彭氏开基祖。其十四世孙分衍金沙等地。

三、苏州迁于港支。如皋明代已有彭姓居住。雍正二年（1724）七月大潮后，泰东近海栟茶、丰利各场人口损半，上万亩土地抛荒。清雍正三四年间，人称彭百万的苏州人彭文斗举家迁居于港，购买汤氏千余亩土地，辛苦经营，数十年后到第四代始分家，每个子孙均得五百余亩，为一方富户。

于港二世起字辈：学湘松林进 正成玉文广。

四、汤阴迁丰利支。原籍河南汤阴石合村，清乾隆年间贩茶叶至丰利而居。清嘉庆四年（1799），和珅被抄家，靠捐金得官与之有牵连的丰利汪府得讯举家慌乱。彭氏与汪承镛为好友，且有勇力，提前给汪府报信并为之藏孤。

黄 江夏堂 顺庆堂 世德堂 两全堂等

出少昊嬴姓。伯益之后封黄称国。河南潢川为故都，被楚灭后，子孙以国为姓。战国春申君黄歇曾作楚相，其后代东汉忠孝两全黄香成为天下黄姓的始祖，因其世代为冠族，世居湖北安陆，属江夏郡，故也称天下黄姓出江夏。

一、苏州迁如皋江安支。始迁祖黄国裕，其先原籍徽州休宁居安村，后寄籍姑苏。明初避乱迁居皋南摩诃山。后裔自明末世居江安镇（又称黄市）且分衍柴湾等地。今有黄家村三百多户，存《黄氏家乘》。出有篆刻名人黄经。后代分衍有清中叶迁居双南者。字派四世起：龙应世宗 祖嘉大若韶 廷学道其锦。古坝黄姓由柴湾迁来，字派：一二三四五六七八九十。书法家黄七五原居如城北门鹅颈湾，与柴湾黄姓或系一支。

二、苏州迁如皋黄泊湖支。始迁祖黄恕，明嘉靖间自苏州迁来，生六子：质之、清之、明之、果之、有之、德之，谱存岔河。八世起字派：相国鹏邦 金盛玉辉 山川之秀 长久永庆 其昌百世。

三、岔河南支。明代江阴一支黄姓迁岔河黄家庄。字派：锦盛学松正勇。

四、四川迁岔南另支。按中国黄姓统谱，元代人黄大震，为避同族反元、叛元之祸，从江夏入川而为入川始祖。清初迁来依黄家庄黄姓居一处。字派：顺承福裕锦新。

五、江西丰城迁岔河镇支。祖籍江西丰城，为黄庭坚后。元末黄万七迁安徽巢湖，抗战前其后一支黄鼎勋迁居岔河镇。在巢湖为凤集堂，居岔河后改顺庆堂。有新谱在。字派与族联两用：文学家声远 诗书世泽长。

六、如皋雪岸支。清初邵潜避清兵曾住雪岸黄庄，上源不清。后分一支现刘亮村。字派：镜万国金玉安小。

七、姜堰迁袁庄、沿南、于港支。明崇祯元年海陵黄氏

明代

统宗世谱载：其先籍苏州。南宋初排行安三者由姑苏迁海陵姜堰镇，生子黄琰，行福三，生四子，其后可能是三房一支于明中叶移居如皋袁庄草场头。自十九世起字派：维秉（学）庆祝松。草场头移沿南黄家圩子字派：殿曾祝国（玉）。姜堰支移居于港字派：金正德新（永）建。如皋东门清乾隆后移岔东字派：金正永邦国。

八、黄桥迁新光黄家竹园支。明清之际及乾嘉间由泰兴黄桥迁来。按：泰兴黄姓始迁祖黄和，字爱礼，行贵五，明初避乱自姑苏迁泰兴之东思林方，至第五代孙辈有四十余人，散居泰兴等地。字派：长金元桂先淑（商中）。马塘字派：桂顺步友金。

九、黄山迁南通城区支。据《潭家渡黄氏宗谱》载，祖籍江西黄山潭家渡，清初迁通，亦系黄庭坚后裔。

十、浦东迁启东黄氏支。清道光十四年（1834）浦东黄阿祥第一个来杨家沙选址搭棚，开设茶摊。黄姓在启东汇龙为最有影响姓氏之一。

十一、镇江迁海门支。清乾隆间镇江一支迁来海门经商，已九代，后称"黄半街"。

十二、崇明迁海门轧煞镇（今刘浩镇）"积善堂"支。系一大家族。民国二年（1913），黄氏先人黄振隆响应张謇兄弟废灶兴垦，围垦造田，随着大有晋公司发展，弟弟一支汧大丰、射阳等地。发家后，将七代祖先十多个骨殖甏迁来三余安葬。

毛　西河堂　四诗堂

周文王子毛伯聃，世为周卿士，食采于毛，子孙以邑为姓。

一、苏州洞庭迁海门支。始迁祖万五、万六兄弟于明洪武间自苏州洞庭迁海门。清前叶避水患，有移居马塘、岔河

明代

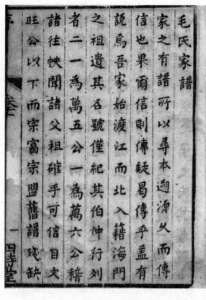

者。岔东字派：士学富玉金（建）。

二、兴化移岔北支。晚清间移来，经营杂货，称毛家店。字派：克玉利建。

三、泰州迁如海支。始迁祖毛兹明初迁泰州，后支分如皋、海安一带。

明 吴兴堂

出姬姓。虞仲之后百里奚生孟明视，视为名，明为字，其后以祖字为姓。南北朝时，明姓为平原豪族，有六人任太守刺史。后南迁江浙一带。

一、苏州阊门迁如皋明氏支。先世居江南，明初由阊门迁来，先十数代皆默默无闻于皋邑。至清乾隆间，有一叫幺锣的穷小子，每天早起拾狗屎，就遇到"狗屎运"。一日晨大雾，幺锣像往常一样早起到龙游河边拾狗屎，数米外不见人影却闻人语声。仔细一听，却是河上有条外地的强盗船，因大雾迷路误入龙游河中。天将亮恐人知报官遭拿，正在商议是就地掩埋还是继续往前走，结果觉得就地掩埋安全。幺锣是本地人，听得清楚，瞄得明白，强盗空船前行。幺锣跟后趁大雾天把几箱金银珍宝等运回自己的屋中，埋在灶后，上覆柴草，复将河边之坑还原。后强盗来此处河岸多次寻找皆无果，不复来，幺锣一如往常。在事过数年后，幺锣起房、购田。后在皋南分四个门楼，在丁堰一带有数千亩土地。为晚清如皋"一沙二祝三明四常"著姓之一。晚清间著名的岔河乡是亦园（曹家花园）里有不少珍奇书画古玩多被城南明氏所购,用于别业作陈设。城南白衣巷字派:盛学文（正）树。

二、袁庄支。如皋明氏后裔一支移皋东袁庄。持谱人为明永所（被访者正是民国间《袁氏宗谱》上所载明月波之孙辈）。袁庄支字派:月永所。

三、兴东土山支。约明晚期明姓已居土山,时先祖名明富山。清光绪间出武举人明大成。近代字派:长步世国 习永图金汉。自汉字后未见排列。

唐 晋昌堂 忠恕堂 世德堂

舜封尧子丹朱于唐,子孙以国为姓。战国时魏人唐雎,子孙数度转徙,至晋代前凉将军唐晖从凉州迁居晋昌,其后子孙多有做太守、刺史者,使晋昌唐氏名闻天下。

一、广东迁丰利场支。元明之际,广东人唐福海举家由苏州阊门迁丰利场西北唐家港子岸。此地常遭风潮之害,后有移居皋南安定乡者。晚清间有外姓避难此处从唐姓（避难从姓）。字派有,洋口:一二三四五六七八九十;岔南:寿比南山 福如东海;岔东:明善子奇国福。

二、通州迁童店唐家庙支。系清咸丰间由通州东南唐家渡移来。初唐春富到野营角见此地柴草丰富,且少人居住,便居此,勤俭持家积累财富。清光绪中建有前后堂的唐家庙,由任道士主持,民国时香火颇旺。原有宗谱,后毁。童店唐家庙:春金启云。

三、洋港迁丁店支。清末民国间原住洋港,后迁二爻再迁丁店、曹埠,系一些沿海围垦"一担挑"的垦民,创业十分艰苦。

四、李堡唐氏支。上源不详。为李堡老三大家族之一。自明代便在此世居,祖上在李堡有99间房,显赫一时。后裔有唐济生等名人。

五、海安曲塘支。此支唐姓，也称"复姓唐"，实为"生唐死陈"。据传复姓唐祖先是陈友谅，陈与朱元璋争天下失败，其后人中一支逃到外服家（即外婆、娘舅家）避难。外服姓唐，为躲避朱元璋迫害，就改唐姓。此支从迁入曲塘第一代唐贵八公开始，就是复姓。生时姓唐，死后姓陈。唐姓人过世后，办丧事时起，就改姓陈，"忆旨"上（即家庭祖先草谱），一概如此。另有一支复姓唐到了甘肃天水。

汤 中山堂 思恭堂 孔怀堂

古尧舜禹汤皆人名，后代有以名为姓者。春秋有宋公子名荡者，后代去草字为汤姓。

一、苏州胥口迁如东岔河支。先世居汴梁。始祖汤凤敔为宋理宗朝进士。宋末随陆秀夫等在福州拥赵昰为帝，继续在广东沿海抗元。元兵破崖山，凤敔随陆秀夫和幼帝赵昺一同投海殉国。子汤业仍居福州。汤庶士为汤业第六子，迁苏州胥口，生长子汤兴邦于明初迁通州北麓。兴邦生七子。七子崇巽，字顺禧，迁如皋东村。崇巽二哥鸣谦次子汤伟，字洪业，为狼山营千户，也迁如皋东村。崇巽子玉堂由东村（汤园）向北二十里至岔河西北而居。玉堂子永年天命不永，妻孟氏孤寡无靠，无奈携长子重基，怀遗腹子重徽于明正统年间移居东南十里孟家荒场娘家处，靠做豆腐抚养二子成人。重基生耀祖，复居岔河北乡老祖地，故称汤家老庄，栟茶、景安、洋口一带多为其后。重徽生明善，世居岔河南乡，而名汤家庄。汤伟业之后同居岔南汤家庄。另有汤园一支有《汤氏家乘》存。清道咸间，岔南一支汤氏给人抬轿捧盒，汤俊（敬亭）大老爷觉得有碍汤府门风，嘱其易水为木改杨姓，名仍入谱。汤园明末始字派：泰运昌亨利芝深玉纯厚德仁恒养。

岔南汤家庄清乾隆间二十世起字派：世启联芳景 名成

明代

来焕新　永蓄惟育德　继续在敦仁。

二、浙江迁石庄支。明末由浙江迁来,有《汤氏家谱》存。

达　(堂号缺)

明初,蒙古族人改达姓者有好几支。崇川境内的达姓在《南通达氏家谱》中称:"达氏出自元末蒙古人伯颜忽晃(即卜颜不花)之后,伯颜忽晃为元善所统军队军师,元善军与朱元璋军战失利,(被)征服后,遣之通州屯垦。元善、伯颜及二将改保、达、浦、沙四姓,子孙世居通州,后融入汉族。"

又原居住城中大巷的达氏《迁通达姓族谱简表》载:"迁通达姓先世卜颜不花,蒙古族,为元代枢密使,镇福建建宁。明洪武间,访元功臣之后起用,赐姓达,封卫千户,至通州。"迁通始祖名达仲任,至今已二十世。

闵　东鲁堂

姬姓。鲁公族闵马父封于闵乡,后因此为姓。也有因谥而姓者。全国闵姓奉春秋闵子骞为始祖。

苏州迁如皋石庄支。明洪武初由苏州迁居石庄。清前叶支分岔河南乡。初岔河白马庙即由周、闵、冯三家共建。闵氏祖茔龙圹有石碑载墓主史迹,此碑当存。

岔南字派:长玉积德。

邹　范阳堂　五世堂

颛顼之后有邾娄国,后改邹国,始有邹姓。

无锡迁皋南邹家园支。先世居汴梁,宋代迁江西。始祖邹诚明再支分浙江钱塘。曾孙邹霖再迁常州晋陵,霖孙邹泂又迁无锡竹桥。泂十二代孙宝成于明洪武间始迁如皋南乡(下原镇)邹家园。存《邹氏家谱》。

九世起字派：谷君开宗　长发其祥　世贤济英　俊杰荣昌　承恩光裕　德泽绍芳。

"邹丁"说的另一个版本。（《南通市农村文化遗产名录·如皋卷，第1004页》）清乾隆年间，丁、邹两家同为邻居，一日军队来袭，双方抱着对方孩子逃命失散。丁家向北逃至如皋定居，邹家向南逃到通州落户。若干年后，本姓邹家孩子中了进士，本姓丁家孩子中了状元。丁家要向邹家交换孩子，邹家不允。打官司判定：在世姓丁，死后姓邹。后世敬祖时要磕八个头，两姓永不通婚。

谢　会稽堂　宝树堂

炎帝之后，申伯以周宣王舅受封于谢，以国为姓。东晋谢安、谢玄等为一时风流。故唐王勃《滕王阁诗序》有"谢家之宝树"句之褒美，谢姓后人多用其作堂名。谢姓主要集中在浙江。

一、苏州如皋谢甸支。始迁祖谢天乙，元明之际，自苏州阊门迁皋邑西乡。谢翼飞等即出自此支。后散于邑下各处。如皋丁北佘家桥清乾隆间迁古坝散新林字派：开春锡（云）永。

二、阊门迁长沙谢家庄支。明初自苏州阊门迁来。按史载明天顺六年（1462），掘港场已有谢家灶墩，当为此支谢姓。字派：德允正元庆呈方。环北谢家凌字派：树汝登尧。

三、宁波迁岔东支。咸丰间避太平天国战争由宁波迁来。字派：锡国友建。

四、兴仁移岔南支。1954年从通州兴仁谢家坝移来。字派：乾金汉新。

杨　弘农堂　四知堂　修德堂

晋武公子伯乔食采于杨，历二十五世至东汉间，四世公卿。全国十之八九杨姓皆奉汉代杨震为始祖。用黑夜拒金之典故，以四知名堂，几乎路人皆知。

一、阊门迁白蒲支。始迁祖东溪公，明洪武间由苏州阊门迁如皋白蒲东乡，后移白蒲西乡。后名杨家园（另一支迁搬经为叔伯兄弟）。

二、崇明迁通海支。始迁祖杨廷玉。南宋初由句容迁崇明道安乡，后散居通海等地。现存《杨氏家乘》，皆为金沙、小海、兴仁、张芝山一带杨姓，谱分循、律、徊、德各房。字派纷乱。

三、句容迁岔河支。先祖杨靖宋代自徽州吴村迁句容仁村，为句容始迁祖。明中叶后由句容迁岔河。散居如皋、丰利等地。岔河有支谱。清康熙间起字派：正元起世祚　本基克绍承　居行应尚志　建立在宗仁。

四、山东迁马塘王家长庄支。祖籍山东，明代迁如皋东门菩提社，明清之际移居马塘北乡。字派：一（丰）二三四（国）五（恩）六（家）七（庆）八（人）九（寿）十（年）。

五、苏州阊门迁新店杨家深河支。祖籍苏州阊门，明初迁皋东岔河东南深水港。后新店大王庙为其家祠。此支无统一字派。

六、苏州阊门迁栟茶杨家堡支。明初由阊门迁来，始迁祖杨世坚。字派：遵书福宝业　承恩继业昌。浒澪杨家堡字派：一（宝）二（明）三四五六七八（春）九十。双甸杨家老园（有杨家祠）、靖海杨家桥、于港等字派亦为：一二三四五六七八九十。

七、新光杨家井，亦有苏州阊门迁来一说。字派：日春顺德建。

八、岔河另支。为掘港戴姓入赘岔南修德堂杨姓，然仍用戴姓字派：历朝国相　左显威扬（可归入句容迁岔河支下）。

九、雪岸支。上源待考,至迟晚明已来,但杨姓人众,自雪岸中部至北部杨家庄、杨家夹路有数十户。自十六世起字派:定耀增新中。

十、崇明迁海门圩角港支。清乾隆间一支杨氏自崇明迁来海门秀山乡圩角港。祖先杨老九从政,其子侄多地从政,颇有成就。

十一、崇明迁大洪镇支。清乾隆间另一支杨姓由崇明过江迁来大洪镇,开荒养殖发财,号称"杨百万"。清道光间出武解元杨朝栋。

十二、山西迁海安南屏支。明末始迁祖杨伯生,曾任知县,清兵入关,弃官耕植。字派:伯广永向 明裕如龄 玉树勤和 余世庆一 谱照年青。

纪 高阳堂 钟秀堂

姜姓,族人分封到纪国为侯爵。庄公四年被齐灭。子孙以国为姓。以西周纪文坚为纪姓始祖,至五十三代纪少瑜,南北朝时封高阳郡侯,是以纪姓以高阳为堂名。

苏州阊门迁皋邑支。明初自苏州阊门迁来,后支分皋东数乡。堂联:凤阳世泽;雉水家声。可知其祖籍当在安徽凤阳。皋东地区字派清雍正至咸丰间为:盛□安兆光。袁庄:正维玉。河口:书干宝泽相。双南:国元德福。五义:德克成久。

潘 荥阳堂 敬胜堂 慎余堂

潘氏,楚之公族。毕公高季孙,食采于潘,后世以为姓。本地区潘姓主要为徽州潘与苏州潘。两支在唐代本为一支。唐僖宗时潘名,字逢时,由福建三山宦居歙县黄墩。三世潘瑶,五代时迁大阜后山。十六世潘祐,字德浦,于元代始迁苏州。

一、苏州阊门迁海门支。明洪武元年(1368),潘信、潘义兄弟自阊门奉诏移居海门。明中叶海门江坍无常,遂移居唐闸，不久（约明嘉靖后期）又移居双甸丛家坝。初因其为通州海门籍，海门塌县，由县降为静海乡，仍隶于通州。其后虽移居泰州如皋沿海乡，但仍未改籍。现双甸、石甸运河之南多为此系。双甸清康熙间二十世起字派：均釜元大振　文允德尊贵明。

二、婺源迁丰利支。婺源潘姓于明永乐间经苏州阊门迁丰利，后散于马塘、岔河等乡镇间。清后叶丰利潘荫东、潘恩元乡试前，曾与双甸支苏州潘联宗，借其静海乡籍分别考中举人。另五义、景安潘姓均是清中叶由东台与大丰之间的潘家镢移来。明末马塘移岔南字派为：应金连长城。丰西肉贵桥移景安：玉山进长永。古坝潘家庄：广绍德长其。潘家镢移景安：祺耀俊锦夕；移五义：立海曾。

三、苏州迁骑岸支。清乾隆间苏州状元潘世恩族裔，清咸丰间避乱迁居骑岸，后移石港。抗战中避乱又移居新店。是为时称"宁过三条江，不过杨曹乡"的杨曹乡。新店字派：大福道；孙窑字派：鹤俊毓荣耀。

支　琅琊堂

支姓本西域月支人。汉张骞通西域，月支人仰大汉风物，遂来东土，怀故国以支称姓。因来自西域，以博学广闻而见称于世。琅琊支姓因累世居官，故用琅琊作郡望。全国支姓多出于此。王羲之"兰亭雅集"41人中有名僧支遁，其俗姓关，陈留人。因王羲之亦琅琊人，极易误解。

镇江迁如皋支姓。尊南宋理宗朝进士支咏为始祖。咏，字道涵，陕西华阴人。南宋德祐间迁镇江，其后有支系于明清之际避战乱，由西而东迁皋邑。约清乾隆时又分支移居东乡运河之北岔河、潮桥间。晚清潮桥铁篱笆北有支家桥。其祖茔在古岔南斜庄。各地字派，岔东：昌福金开新；岔南：长进国建；潮桥：万春昌宝业。（口述人：支昌明等）

郁 鲁国堂

春秋时鲁国相郁黄之后。

一、崇明西沙通海支。始祖南宋句容人郁麟。元至正间其后君盛、君玉兄弟迁崇明西沙，并多移居通海者。后明代因江坍水患，又移居掘港、苴镇、马塘等地，长沙郁家湾一支即出于此。昔皋东近海郁姓皆灶籍，自余西移长沙郁家湾。二十一世起字派：庆连兆宏永。饮泉郁家园字派：长（介）维文（新）晓。

二、崇明移通海地区支。明洪武二十五年（1392）未经战火的崇明县无田者（多为江南等地避战乱移崇明户）二千余户（有郁姓支）迁入同府通州、海门。

三、崇明迁海门连源镇支。清康熙间（1700年前后）郁姓兄弟五人，由崇明迁入连源镇。后二位兄弟再迁三星镇永富村。近编有《海门三星永富郁氏宗族百年发展史话及其简谱》。

四、崇明迁平山支。先祖从山东迁至崇明，再由崇明迁到海门平山，至郁钧剑（其出生于桂林）已是二十代。

林 西河堂 九牧堂

周平王庶子林开之后，开生林英，英生林庆、林茂，自此林姓世系形成。九牧堂林姓尊晋人林禄为始祖，禄为安郡王。十六世孙林披，唐天宝间授太子詹事。娶三妻生九子，皆以明经及第，分别出任各州刺史。古代称刺史为州牧或牧守。兄弟九人合九牧，故其后裔皆用九牧名堂。其后世居福建莆田，南方称"陈林半天下"。江苏林姓皆其支系。明洪武间赶散移民，即有众多福建林姓经苏州阊门移居苏北沿海各地。

一、如皋如东支。明万历前后即有林姓居皋邑，并逐渐移居至老任港河西、运盐河北二十里，时值宫姓自泰州来后，于庄东港上建宫家桥，相互东西隔河而居。

二、柴湾移新林支。清乾隆间，新林鸭户园林姓自如皋北柴湾移来。乾隆前丰利已有林姓居住。

各字派，景安林家庄：尔兼德（秀）如万　长南春锦爱；新林：锦荣春全（金海）；丰利：大学之道长方。

三、通城林支。上源不详。林家六世行医，约前后200年。林京华曾为清光绪宫廷五品御医，以中医外科闻名。

四、东台迁雅周支。唐林披生九子皆刺史，世称"九牧林家"。其中九牧长房苇公派下二十世孙琦（字文仲）迁出。文闿公1498年由福清迁入泰州，为泰州林氏始祖，东城公为一世祖。东城公生四子，泰兴林氏五世福海公1610年自东台安丰林家灶再迁海安西南角林家庄。是为该地始祖。衍延十七代至今。

倪　千乘堂　庆余堂

邾武公封次子应父于倪，在鲁境，后以邑为姓。

一、无锡迁如皋西乡支。皋邑倪姓源于山东。始迁祖倪东川、倪西川兄弟由无锡梅里祇陀村于明永乐间迁如皋西乡申家庄。后裔出倪锦瑜等人。自二世起字派：川宝家昌邦　荣泽远功长　王（旁）永为吾廷　春日汝宏广　人文锦修德。

二、皋北移石甸倪家港支。约明嘉靖间，由皋北倪家厦移分石甸南，后称倪家港，后再支分石甸北。字派：廷国兴（新）生育　修德从善志。

三、通海支。上源不详，亦有移入如东居者。字派：承先皇之道　以斯为美　文章华国　诗礼传家。

四、镇江迁岔南支。清咸丰间镇江一支避太平天国战争，迁入岔南。字派：永长德。

邓　南阳堂　天佑堂　远大堂　务本堂等

先世在殷商时为曼姓。商王武丁封其叔曼季于邓夏国，称邓侯。春秋时邓侯吾离期朝鲁，后为楚文王所灭，其后代以邓姓。

南昌迁皋东支。始迁祖邓海珠，南昌人，明永乐初避难迁居海安角斜。明成化间曾孙邓东洋因不喜与盐枭为伍，兼之角斜滨海土劣，遂东移古坝北而居。后五世邓旭毕为皋东首富，号邓百万，建关帝庙于邓家庄东，建家祠于如城。马塘邓家园等皆为分支。字派有所不同。

丰西等六世起：明士永成 宗清锦庭。

古坝邓家庄：逢贵志前。

景 晋阳堂 介福堂

齐景公之后，以谥为姓。一出芈姓。楚国有公族景差，亦为景姓之始。

一、苏州迁海安东乡支。《景氏东乡支谱》载："派衍晋阳传一脉。安史之乱及黄巢大起义促使景姓人西迁今甘肃，南迁湖北、湖南、四川、江苏、江西等地，直至两宋迁徙不断。""吾祖忻三公，明初由苏迁扬而宅景家荡，数百年来瓜绵椒衍矣。"东乡景家荡，立发乡的太平、界墩、练港、刘缺等村组，都是景氏族人。字派：学乃生之宝 善为裕后 珍义仁同道德 昌世永心存。

二、兴化迁掘港支。清道光间迁此。后称景家庄。掘港晋阳堂字派：树邦永远长志。

江 济阳堂 庆立堂 世德堂 瑞锦堂等

伯益佐舜驯鸟兽有功，季子元仲受封江国，因国而有姓。山东济阳为江姓发源地。江姓始祖汉代人江革，号次翁。二十八世孙江尚质，唐光启丁未年任歙州护军兵马使，居歙县黄墩。子江洪，又名苴然，排行万十七，又迁婺源谢坑。另一支婺源江姓出唐僖宗时齐梁皇室遗脉萧祯之后，祯先因功封柱国上将军，领江南节度使，赐第于歙县黄墩，也许与济阳江姓有缘。值朱温篡唐改梁，祯有志复唐，北渡长江指水而誓，不复唐室，以此为姓。奈唐室倾厦，非孤柱能支。祯遂改江姓。子孙世居婺源，谱称萧江，以示区别。今通泰两地稀见江姓宗谱。

一、江南迁如皋支。明代由浙江迁来。明代还有自苏州迁如皋，后分居沿南顾家渡。清嘉庆始字派：宏友公志 国（平）达红。

二、曹埠江家园支。祖籍婺源。明前叶居崇海之间某沙岛上，数代皆受江海风潮之灾。明隆庆三年（1569）闰六月十三至十六日，初海溢高两丈（海啸），崇海两县溺者过半，再平地积水盈丈。江姓先祖值年少，坐缸浮水向北漂至通如交界范堤之北岸后，水渐退，遂于此居。至清道光间第九代孙江鸣玉，精竹艺，曾制两丈余高竹亭于范堤，人可攀登至顶，早眺霞日之丽，晚观海水之势，众以为奇。饮泉江家园由此分出。九世起字派：鸣（心）为（维）学有成 克德大平。

三、徽州迁双甸镇支。祖籍婺源，亦说歙县。世代以经营茶叶为业。明代由扬州移海安，清代由海安再崇川，支茂而分。至清咸丰间其后江霞轩移双甸镇开江森泰茶号，至四代林字辈有堂兄弟二十三人，曾自编霞轩公后支系小家乘。字派：霞长庆林世（泽）。

四、柴湾移石甸南支。清康熙间某年初春，江姓小夫妻自柴湾至石家店河南，见锦鸡与白兔相争于麦田中。夫极喜，至田主家商购此田以安身。田主见其迫切，高价索之，夫慨然允，妻背而怨。夫对曰：此田有金鸡斗玉兔，是兆田主子孙发旺之相，幸只你我俩见，怎可错过。其后果然。字派：锦永兴宝良明。移双南字派：永成明德 兴宝良泽。

五、古坝江家庄支。上源不详。约清中叶因子息不旺，招吴姓入赘,所以此支生作江姓称,殁作吴氏尊,称"生江死吴"。字派:裕忠永玉(生)。

六、"萧江"金沙支。原籍婺源江湾。清咸同年间迁镇江渣滓站(大马迹村),再迁金沙、石港,另海门坝头村(德胜)江家园亦迁入金沙。

沈 汝南堂 三鸣堂 明远堂 友谊堂等

周文王十五子啸季,食采于沈,子孙以国为姓。

一、大场迁石庄支。始祖沈天麒,字文辉,元代自昆山迁嘉定大场镇。子沈钉,字万四,明初自大场镇迁皋南石庄。钉生六子,次子庆五,生五子,其次子仁三,永乐间移居丰利。

二、昆山迁皋东支。《如皋沈氏宗谱》云,一世祖沈天琪,住昆山继迁嘉定县大场镇高桥。二世兄弟六人,分别名金、银、铭、钉、镕、镇,字分别为万一至万六。沈万三遇害后,其兄弟避祸迁居如皋。长兄万一居吴窑(亦云,一支住山东),次兄万二居磨头,弟万四先居石庄镇,至四世琥再移居林梓。至二十世逢灏民国间又移居南通县城。如皋沈氏数林梓万四支最旺。皋东沈姓,大多为万四后裔。林梓移双南字派:裕逢显达 恒际安详 盛世英瑞 家声振昌。移栟茶支:清初起用"一至十"字派。

三、泰州迁白蒲支。始迁祖沈季立,字巍正,号序阶,与弟少溪于明嘉靖十四年(1535)自泰州移白蒲东郊,后为白蒲著姓。出有名人沈歧等。

四、无锡迁苴镇支。清咸丰间由无锡迁来,堂名与林梓同。字派:贤学忠良 百世永康。

五、江南迁海门支。清初由江南沈万三一支后裔移崇明,或再迁海门、通州南部,音乐家沈肇州出于该支。

六、金坛迁通城支。始迁祖元炳,世居金坛,因避太平天国战争，举家迁海门常乐镇东乡。后一支分东台垦荒；一支迁通州城。后裔有沈启鹏等。

七、大场迁摩诃山支。始迁祖八十一世均璋公，明永乐元年（1403）自苏州嘉定县大场镇移居皋南摩诃山竹排岭。明天顺至民国四百多年间，先后迁出186户，131处，分别为江西新建县、江南常州府、盐城北、靖江、启东吕四等地。（按：此支与"石庄支"或为同一支。见《江海文化研究》2013年第5期第57页）据《沈氏支世系全图（通城）》民国甲子手抄布载。

八、崇明迁姜灶支。据《沈氏家谱》载，北宋年间先祖由江西迁镇江（亦说句容）而后迁崇明，再由崇明迁南通姜灶，祖先葬南通县金乐公社十六大队（今南通市通州区金新街道金乐社区）。至今已二十六世。为姜灶望族。

萧 兰陵堂 庆余堂 余庆堂

战国时南宫长万乱宋，杀湣公。诸公子奔同族宋戴公之后萧邑大夫叔大心。大心率五族请曹国援兵平乱，后宋恒公升邑为国，以谢叔父人心之功，后代以国为姓。至秦末萧叔后裔，汉相萧何之孙封地在山东苍山，谱称北兰陵。晋代萧整任淮阴令，居常州孟河，谱称南兰陵。梁高祖萧衍长子萧统后裔多人称帝。此时萧氏是显贵之姓。世居句容萧家巷的萧玉是如皋、泰兴两地萧姓的始祖。

一、江南迁如皋支。明建文中兵火延至江南,萧姓族人亡奔。仲玘、季玘(舜园)等人避居海陵古溪。皋邑多舜园之后,亦有其兄之后人,分支由泰邑转皋邑。

二、如东支。如东萧姓又多自如皋移来。岔河明万历前已居萧姓。明末岔河(至清道光)字派:坚丰文九 大世宏玉。丰利稍晚些。

字派:广金学志永。如东支分布大致是一个由西渐东的过程。由于迁徙地与祖居地相距近百里,初尚往来,后渐疏远,相去数百年,皋泰两地已九次修谱,而如东一支失载。然如东萧姓后裔仍忆由西皋分出。新林一支是清雍正二年(1724)大潮以后由柴湾迁来。字派:金汉芝长深银坤。

姜 天水堂 庆余堂

炎帝生于姜水,后姜尚封齐,其后为田和灭,子孙又复姜为姓。

一、华亭迁如皋九华支。始迁祖苏州华亭人姜维后裔,第八代孙姜仲玉避靖难之役于明建文二年(1400)举家迁通州北九华,后名姜家园。白蒲、丁堰、下原及皋东部分姜姓皆为其支系。清雍正至清末字派:麟桂凤有奎德。

二、常州迁姜灶支。清初一支姜姓于明初由常州迁通州姜灶。清乾隆十八年(1753)姜灶港才名传四方。有祖先名姜光临,五子十三孙,现已繁衍30多户。

羌 乐安堂 世德堂

宋初因避赵匡胤、赵匡义兄弟之讳,江西一支匡姓改为羌姓。因而同时代出版的《百家姓》上也无匡姓。

江西迁通州羌家庄支。明前叶,江西这支羌姓避乱迁居通州北三十里,后聚族称羌家庄。约清道光间又北移三十里至新店准提庵后而居。清末建一桥，称羌家桥，今改匡家桥。通州羌家桥字派：万国林春树。新店移岔南字派：文德献新。

另清代也有匡姓居如皋县，不知是否前支复用匡姓，还是另有匡姓一族。

段　京兆堂　敬德堂

一、姬姓，郑武公子权段之后，北支为河南郑姓。

二、老子有子名宗，为春秋时魏国将领，受封于段干，称段干木，为山西段姓。另还有辽西段姓。本地区段姓源自江西。

苏州迁如皋支。明初有一支自苏州阊门徙居如皋。如东零星段姓即从如皋移来。南通城南有段家坝，其段姓何时由何地迁来不详。

薛岸段家庄字派：云长玉胜月（国）桂（新）。

西马塘段家庄字派：金长一义。

西马塘移岔河字派：圣广锦建。

高　渤海堂　敬义堂　忠恕堂

高姓出于姜尚之后。齐惠公之子祁，字子高，其后高傒，以祖名作氏。东汉高洪为渤海太守，后裔有诸多称王为相者，天下高姓多出其后。

一、苏州阊门迁如皋支。始迁祖高习明，行福三。兄高翼、高翔共事明太祖。永乐夺位，高翔丧服入谏，再以语侵，被诛。福三避祸由苏州阊门迁皋南。

二、兴化迁如东支。如东高姓大多为兴化迁来，其先祖籍河南怀庆。宋末元初，始祖高彬卜居泰州丁溪（今东台内），生子高明。孙高椿元末避乱居姑苏有年。明初复迁兴化。椿三子元昭居丁溪授业，生高谷，字世用，明永乐间中进士,历五帝而称阁老,为兴化高姓殊荣。潮桥、凌民等地高姓系明中叶兴化高氏兄弟后裔。时闻如皋有东西两处马塘,遂议各居一处。潮桥高家庄字派:子鼎文廷　瑞根万世　明(国)良(其)　大同永昌。凌民高家庄明末始字派:士美正开宇　敏文其廷天　长元德义广　方知为振才。掘港高家大原支,据其族人称亦为兴化高阁老之后,清初避乱由兴化迁来。其相距不远的高家庄一支系清中叶依附本家共居一方,后人户增多称庄。掘港高家大原字派:国恩家庆　人寿年丰。高家庄字派:裕顺俊学玉。丰利高支,清光绪初由苏州阊门迁来,其字派:长凤德。

三、崇邑南北沙支。宋时因金陵寇乱,于明季由句容迁于崇邑南北各沙。

四、崇明南迁复兴沙支。清末一支高氏自崇明南脚(因塌方)举家迁江北5号复兴沙。

五、苏州迁雅周高家湾支。始迁祖安一公,于明洪武间避张士诚之乱,由苏州迁居海陵(今海安雅周)高家湾。至今已二十四代,万余人。

易　济阳堂　余庆堂

出姜姓齐大夫易牙之后。发源于河北、山东间。魏晋时到南方。

一、江西迁海门支。海门易姓始祖喜二,字路闻。始迁祖庆二,明初由江西避患迁居通州海邑。其时人民扰攘,里居未奠,加之初围,粒食维艰,至三世正一、正二,方渐舒缓。字派一世起:喜庆正安　宁寿顺有　象为知宗　性道体用　兼优俊杰　焕新猷西　京粹品鼎　彝绵古泽　南国良裘。

二、海门迁十总支。祖籍江西,五世宁二的部分族人,自明末由海门迁来通州范公堤内外,原住滥港河南顾家灶,1954年滥港裁弯取直时,被划入十总镇境内。

於 京兆堂

黄帝孙封于商於，后有於姓。另，黄帝臣於则之后亦为於姓。

镇江迁皋东支。始祖於数，字伯仁，世居京兆。南宋初随驾南迁，居于镇江銮村。至建文间避靖难之役，有兄弟三人经苏州阊门奔皋东丰利场。

明嘉靖至清雍正间字派：良经华惟　新玉君魁。丰利字派：正长维国　先业成家。

岔河等地晚明第六代始：一二三四五六七八九十先惟永。

罗 豫章堂

颛顼之孙祝融氏后裔妘姓有一支封于湖北宜城，称罗国，为楚灭，子孙以罗为姓。西汉人罗珠为江西豫章罗姓始祖。

一、新建迁如皋支。罗大佶，字秉佶，字正也，行三，南昌府新建人，为皋邑等罗姓始祖。始迁祖罗景友，明永乐间迁如皋。孙罗文阳游学皋之北凌，遂家于此。

二、北凌移皋东支。明成化正德间，北凌有支分移居掘港场。至第八世罗曰恒，字起富，明万历后期由北凌移居马塘。袁庄罗家庄一支系北凌罗姓某于清嘉庆、道光间在如皋衙门任职，致仕后居袁庄南。二房、三房居岔河北。袁庄罗家碾头一支是清道光后期由马塘支分而至。通州、海安、如皋等罗姓皆出此支。《罗氏宗谱》（残卷）仍由马塘罗姓存。

皋东一世起字派：景忠照（文）博　致纯（文）崇曰　世（时）应（英）绍万　维锡自先　敬修敦本　丕丞象贤　启佑威止　廸吉天全　尚慎务滋　云玄广宣。

袁庄罗碾头字派：亮文　敬修敦本　克昌乃言。

三、歙县迁三余支。安徽歙县呈坎镇罗泽之清末民初迁三余老镇，任大有晋总账房，建有罗家仓。他与吴寄尘、董体仁、沈经奉等成为三余镇第四批移民。

耿　常平堂　世德堂　积庆堂

商诸侯有耿国，周闵公元年为晋所灭。后代以国为姓。江苏耿姓谱中尊汉代关内侯耿寿昌为外纪一世祖。明永乐间，成祖朱棣帝位渐稳，然侄建文帝一直下落不明，自己又迁都北京，时恐江南生变，乃实行驱逐江南富户充实江北荒野之地的政策。

苏州迁如东支。明永乐间苏州湖庄耿姓有一支迁泰、盐等苏北地区。明弘治十八年（1505），有苏州耿姓自阊门迁古坳河北端东岸，"插标为界，傍海而居"。晚清有他姓改耿姓同居一庄。掘港耿家荡即有一支于清前叶由盐城迁至，与本地老耿姓同居一荡，然字派不同。掘港耿家荡：月松芝长玉安邦定国。盐城迁耿家荡：宏必为兆德从（崇）广大。洋口耿家庄：玉殿忠福祝。

沙　汝南堂　顺德堂

古诸侯有沙随氏，后失国改公沙氏。汉代公沙穆，子孙去公改沙姓。得姓始祖沙筼，其五十一世宋柱国副将军忠烈公沙世坚，官宜州太守。其七世孙有礼八、礼九兄弟。

一、苏州迁皋南支。为避靖难之役，礼八、礼九兄弟自姑苏迁如皋南乡石庄。名士沙元炳为礼九公第十五世孙。成化初，其后一支略早于郭姓移居皋东马塘北乡，插标为界，圈得大批无主之地。其外甥郭姓前来投舅，据传闻郭女士用计谋算舅氏之业，将沙氏之地多数据为己有，唯庄名以舅之姓称呼，至今未变。明嘉靖中，皋南五世沙实斋逝，其妇赵氏孀居无子，无奈自如皋带宗谱往东马塘投族亲，途中正遇倭寇,其族人所纂早期沙姓资料就此遗失不全,致使后来沙姓重修宗谱时,有好几代世系难以衔接。马塘沙家庄清咸丰起字派:广从修德美 久远必其昌 恪守先人志 如林育书香 立新宏大道(最后五字口述人失记)。

二、关中迁石港支。始祖沙琏,本籍陕西关中,亦为沙世坚之后,谱中称天下无二沙。仕元为户部右侍郎。入明以贤才擢台垣,其子沙和,字致中,明洪武初为仪礼司丞。皇帝赐宴大臣,沙和因守教规不食荤腥忤旨被贬通州石港场巡检司,见石港地僻,遂家于此。十六世沙思祖,清道光进士,曾任泸州府学正堂,传李鸿章考秀才时,出其门下。如东潮桥、新店等地沙姓有部分与石港同支。有《沙氏家谱》存。

三、海门沙姓,亦因避靖难之役迁来。

濮 鲁国堂 启贤堂

其先因居濮阳濮水而以濮为姓。

一、濮院迁如东支。南通地区濮姓始祖濮凤,字云翔,为宋高宗驸马。祖居浙江濮院。到明初,濮院镇有七十二支濮姓外迁苏、赣、皖等省。如东沿南濮家庄(有濮家桥)一支即其分支之一,系明前叶经阊门迁来。或有谱在。清乾隆间始字派:松大祥显一 存忠端善本。

二、常熟讦海门支。为清嘉庆由常熟迁来。字派:思乘世九建勇(裕)。

陶 浔阳堂 五柳堂

唐尧始封于山东定陶,故称陶唐氏。后有一支子孙以陶为姓。全国陶姓多尊"不为五斗米折腰"的晋代彭泽令陶渊明为始祖。渊明,字元亮,更名潜,因屋前种柳五棵,别号五柳先生,私谥靖节。浔阳柴桑(今江西九江)人。其后裔多用五柳为堂号。

一、无锡迁如皋支。明初，无锡有一支由苏州阊门迁如皋，现家谱仍在。如东石甸、景安陶家庄（有《陶氏宗谱》）等地陶姓均为如皋分衍而来。石甸自清嘉庆始字派：华安生学德正志。景安陶氏嘉庆始字派：正元万长（云）仁义道德。

二、南通支。上源不清。港闸区节制闸一带曾出土明代陶姓棺椁。现该地仍有陶姓人居住。

三、吕四陶家沟支。上源不详。陶姓居吕四西郊陶家沟。陶桂林年幼时家道中落，随叔父去上海做木工，后为建筑大师，迁美国。曾培养过不少建筑人才，留下宝贵的精神财富。陶桂林新订字派：桂锦君明义　宏开仁德光。

欧　平阳堂　画荻堂

欧阳姓或简缩称欧氏，同源于越王无疆，后为楚灭，子蹄更封于乌程余山之阳，为欧阳亭侯，遂以此姓。欧阳姓唐宋间多居江西，以欧阳万为始祖。欧阳万，一作安福府君，唐僖宗时为吉安刺史，至五世有六孙，分为六宗。北宋文学家欧阳修出其后。修三岁丧父，随母到湖北投奔并不富裕的叔叔。因贫舍不得费纸笔，其母郑氏用一种类似芦柴的荻草之杆当笔，以沙为纸，画地授学。其后代遂用画荻称堂。

苏州迁丰利支。明初欧阳兄弟四人经苏州阊门投到领凭，迁居皋东丰利场。时丰利场数十里一望到海，鲜有住户，可以随便择地而居。于是前后搬了十三处地方。最终老大居头总；老二居丰利场中；老三居场东北，后称欧阳庄；老四居海边，在欧阳庄之北。此后阊门迁来一支包姓，居东与欧阳庄傍邻。后兴化有挑篮贩货者于丰利开第一家店。渐始，丰利方初有集镇规模。昔有谱毁。

丰利欧家庄十八世清道光始字派：（前代为单字）文子万鹤福。

新光字派：日（旁）或日（头）衣（旁）　尚书传万世。

袁　汝南堂　卧雪堂

妫姓舜之后。十八世庄伯生清，字伯爰，古爰字也作辕或袁，其孙涛涂以祖父字作袁姓。

一、扬州迁如东袁庄支。该支奉汉司徒袁安为始祖。袁安，字邵公，汝阳人，未出名时客洛阳，值大雪，忍饥受寒，不入民舍。次日洛阳令除雪，见安僵卧雪中，问故知其贤，举孝廉，后官拜司徒。故用卧雪堂者，多为其后裔。始迁祖袁彬，一名昌林，号文质，原籍江西新昌县。明正统间以校尉从驾北狩，还京授锦衣卫百户。英宗复辟后升指挥佥事，授宣威将军。明天顺辛巳（1461）协剿曹钦，升都指挥，掌锦衣卫事。寻升光禄大夫、前军都督府都督同知，以倭警加正都督、晋公爵出守扬州。明成化二十三年（1487）致仕。携家眷隐居府下如皋县东四十里，其后代分居大、小袁庄。彬殁后谥号忠毅，赐葬村后老墓田六亩。大宗收息致祭，礼用五鼎。娶李氏，诰封一品夫人。子三，长袁勋居庄守业；次袁熺迁泰州；三子袁焘居通州。袁庄从十一世起字派：光志大士世　敬宗遵祖修　惟孝绍其本　成家绥以猷　翼继先贤泽　令德作宜求。该支袁祖安中进士，任钦州知州后迁如皋冒巷居住。

二、通州城袁氏支。该支是否即为袁焘后待考。明嘉靖有袁随，丙辰礼魁，曾官德安知府，四川左布政使。后有袁璜等书画名人。新店字派：锦春学林轶。

三、苏州迁丰利支。明前叶自苏州阊门迁丰利、马塘、苴镇一带，后裔甚众。自清嘉庆始字派：美长正宝万　金鼎呈祥　龙香结彩。

四、沙洲迁石甸支。清中叶自江南沙洲十一圩迁来。字派：（石甸）必汝广德国新。

五、崇明迁长兴镇支。清中叶崇明袁公杨携妻带子迁徙海门长兴镇长东,后裔经商租地发展成"袁半街",后代人才甚多,迁出者有居台湾、香港等地者。

六、崇明迁骑岸支。清乾隆间袁宏聚夫妇二人,自崇明迁范公堤外落户谋生。生子袁廷宰与人合作制大型家具,出租分成始发财。有"两代节孝"牌坊。

七、小海迁鹿汪支。清顺治末年卧雪堂一支从通州小海迁入海安墩头鹿汪庄。现主要居住鹿汪、杜楼、墩西一带。

吉 冯翊堂 崇德堂 忠德堂 七贤堂等

黄帝裔孙伯儵受封于南燕国,赐姞姓,为上古八姓之一。至周宣王大臣尹吉甫搜集民间诗歌,编成《诗经》,被称为中华诗祖。尹为官名,其子伯奇迁冯翊。两宋之际,伯奇七十八世孙福一、福乾、福启三兄弟从山西避乱迁江南,福启居苏州。明初,福启后裔燕迁居泰州刁铺。

一、苏州迁海安支。明永乐初由苏州迁泰州,后居泰州刁铺的长兄业良、二兄业广、侄景新和母亲一并迁海安定居。后分五房。海安清道光谱十六世起字派,长房:仁爱开基远 钦明思永康;二房:义和承祖训 洪范肇其祥;三房:礼让贻雍睦 恭安庆直芳;四房:智慎真毓达 乐道应遐昌;五房:信恪传家久 英化毓秀芳。

二、苏州阊门迁皋东支。如皋、如东两地新修谱

称,丁堰、东陈、袁庄等吉姓,始迁祖与业良同宗,皆是明初自苏州阊门迁来。因老谱已佚,未详考。清乾隆间十四世起字派:龙学希玉国边裕如圣祥。

三、遥州迁新店吉家庄支。据其族中长辈世传为山西遥州府人,按山西有辽州、平遥等地名,具体所指难详。旧有始迁祖像轴,为明代人吉连璧,大约于明前叶已来。字派:长士维仲春喜(佩、福)。

娄 谯国堂

夏少康裔孙东楼公封于杞,为楚灭,子孙食采于娄乡,故以娄为姓。

苏州阊门迁丁堰南乡支。明初由阊门迁来,晚明间一支移潮桥后,始有娄家庄。清初又支分岔东再岔南。岔东娄氏"文革"中惧祸,将家谱仅藏第一册,余俱焚。皋东娄姓以唐代娄师德为始祖。该地娄姓在民国间的意支上所称历祖有异:厥祖旭光,始祖广圣,鼻祖宗礼,高祖汉升,曾祖正阳,祖敦字,父本字,己寻字。

虽然在汉代有赐娄姓为刘,而今本地少数娄姓系被动改刘姓。

丁堰明嘉靖至崇祯字派:起可相衡光。

皋东康熙初接上;旭广宗汉正、敦本寻元、家声有启。

奚 北海堂 秋实堂

夏朝有奚仲发明圆轮车,套牛配马能载重远行,被任命为管理、监造车辆的车正,其后世以奚为姓。

一、苏州阊门迁林梓支。朱元璋与张士诚苏州交战,朱下令常遇春屠城,常心不忍,给出放生通道——夜开城门,让百姓逃亡,此地奚姓佘姓即此时迁来。明初如皋奚姓由苏州阊门迁林梓,后有村称奚斜。亦有移居柴湾等地者。奚家庄字派：兴井学守。

二、江南迁海门支。清康熙十一年（1672）海门塌江，民多移地而居，奚姓族人有北移马塘者，遂有奚家庄。字派：德善金传。

魏 钜鹿堂 庆余堂 世德堂

周文王第十五子毕公高受封于毕，后裔毕万仕晋，被封于魏。后与韩、赵三家分晋各自称国。为秦灭，子孙以国为姓。

一、高淳迁海安西场支。祖籍江苏高淳县立信乡（今凤山乡）中保村。清嘉庆间，二十八世祖忠贵公为避战乱迁居如皋十五区西场镇（今海安县）。后代有魏建功，曾祖孝德公经营花炮业，开恒顺号杂货庄于镇上；祖父为瀛，字慰农，回籍应高淳县试，为增广生员，任西场董事三十年；父晋藩字锡侯，经营祖业。母仲氏，生四子一女，魏建功为长子，二弟建章、三弟建邦、四弟建纳，妹建则。家谱修于1920年。字派：朝士大夫 忠孝为本。此八字为宋高宗所赐，循环用了三轮，后改为：晋建鸿（宏）猷广 唐兴浩烈扬 典型宜代式 佑启庆嗣昌（三十一至五十世）。

二、苏州迁如东袁庄支。据传明初由苏州阊门先迁如皋，清初叶再迁如东袁庄。自乾隆始字派：建德锦盛 志全文树。

居 渤海堂

出姬姓，晋大夫先且居之后。

苏州阊门迁如海支。苏北高邮、如皋、海安三县居姓皆为明初经苏州阊门迁来。高邮始迁祖居宗海。如皋（含如东）与海安始迁祖农一、农二兄弟于明中期来后，寓河湾（后名居家湾）同居如邑。现南通各县均有居家湾。

居家湾第十代清初始用字派：一二三四五六七八九（锦）十（正）新（从）。如皋雪岸刘亮村有十数户居姓字派亦同，自称从如东居家湾移来。

宋 京兆堂 广平堂

殷王帝乙长子启，周武王封于宋，三十六世君偃为楚灭，子孙以国为姓。

一、通海宋氏多崇明移来。1893年、1907年崇明（原也隶属通州）有两部递修的《宋氏世谱》（不分卷四十册）载：始迁祖伯禄，一作宣义，宋季自句容迁崇明，谱中有数十处地方为海门、通州地名，使通海宋姓有据可查。海门等系谱字派杂乱，仅录善衍系一支自十三世起：国瑞文书大万廷（清末止）。

二、江西迁马塘支。有祖上明代自江西迁来一说，后代散居潮桥、岔河、古坝等地。字派：学庆玉金。马塘移古坝：之绍士达德美。

三、盐城迁掘港十里支。清中叶由盐城（今大纵湖附近）迁来。字派：友文学金南。

四、高邮迁西亭支。祖先居高邮，后迁南通，一支再迁西亭。举人宋琛，字璞斋，曾为张謇师。

孔 鲁国堂 忠恕堂 四教堂

初孔姓有三支。后皆以孔丘为始祖。

一、广陵迁皋东支。孔姓自孔子五十世孙孔诚带宗谱居扬郡广陵镇（泰兴黄桥镇南，与如皋接壤），越二代于明初迁居皋东岔河东岳庙左老港而居，此港遂称孔家港。至明嘉靖间六十二世孔大用举家又迁至潮桥东北。旧俗本邑他姓如娶孔氏之女，特于家谱中载"娶圣裔××代孙女"而为荣。

元代孔子后五十六世起全国通用字派：希言公彦承 弘闻贞尚衍 兴毓传继广 昭宪庆繁祥 令德惟垂佑 钦绍念显扬 建道敦安定 懋修肇益常 裕文焕景瑞 永锡世绪昌。

明代

二、徐州迁秦灶支。清康熙间北方战事频仍，一支孔姓逃难来此，在官府安排下划地垦殖。后逐渐发迹，建有孔家花园。

贲 宣城堂 四勿堂

姬姓。春秋鲁国贵族县贲父，其后取其中的贲字作姓。

泰县迁如皋贲氏支。始迁祖贲再五，元末避乱迁居泰邑，族人居泰县新丰，再五居相邻的海安大公，后代建祠于此称北分，此处也称贲家集。建祠于如皋西南的称南分。后贲茆生三子，长子迁居皋东十六总称东门；次子、三子居原地称中、西门。海安、如皋、如东等地贲姓皆同源。其字派分上、下两集：

上集十一世起：应永开宏业 垂统裕后昆 有道承宗志 继善肇祯祥 国兴庆祖福 族旺颂先恩；

下集十一世起：应守如大玉 传家世泽长 德能知可盛 学乃必其昌 安迁援泰北 宣汉思贤良。

万 扶风堂 世德堂

周代晋国毕万之后，以祖字为姓。

一、如皋支。始迁祖明初人万辅鉴，原籍不详。于永乐间迁如皋。一世起字派：辅进龙潮永顺云 君国世广朝 伯锦振启建（民国止）。

二、岔河支。据其族人言，为明代万阁老之后。其先获罪，避祸潜居皋邑。（按：明代能称万阁老者，唯明正统间进士，四川眉山人万安，其人品不好，明史载安死不久，子翼、孙弘璧相继死，安竟无后。但岔河万氏所言，并非空穴来风，或是兄弟后代避万安之仇家报复而远遁海隅。姑存一说。）

岔北万家庄字派：如长永甲。浒澪万家庄字派：一至十。

三、海安迁梅甸万富村支。清中期先祖万朝南、万朝刚兄弟由海安北安庄迁徙至此。字派中有正（振）启，应原为如皋支后裔。

韩 南阳堂 昌黎堂 九度堂 有怀堂等

周成王弟姬谪为晋君,晋穆侯时其子桓叔封曲沃,生子万为武子,食采于韩原。后分晋建韩国,为秦灭,以国为姓。初韩姓皆居平阳、颍川两郡。汉末分昌黎、三原、颍川、阳夏四系。昌黎一系先居南阳,后迁昌黎棘城,韩愈出于此。安史之乱,十五世韩胐自盐山迁博野,为安阳韩姓一世祖。九世宋相魏国公韩琦。十二世端明殿大学士韩膺胄,宋高宗时随驾南迁流寓浙江萧山,而为萧山韩姓始祖。韩琦十二世孙由凤阳迁苏州,其后韩淑洋元末避兵由苏州迁居如皋鲜鱼庄（今海安仁桥）。

一、富安迁海安支。明洪武初,韩淑洋投充富安场灶籍。后被蔡立（玄）首告盐法事,发江西建昌左卫军效力,行至中途见路旁遗尸,设法奔窜回苏州。此前他在如邑已生思铭、思志、思纷三子。此次又于苏州复娶妻生子思聪,为苏州云东一系始祖。其先二子之后分布苏北、苏南十多市县,故韩淑洋为海安韩姓一世祖。民国江苏省省长韩国钧、省主席韩德勤均为此一族。海安河口字派：国宝忠良士 家珍孝友人 传经延祖德 作善裕曾孙。景安韩家庄清乾隆间始字派：思（宗）忠正（振）芝（之）大道 家国益以兴。岔东洪家庄字派：大学之道 文明世洲。晚明海安移居古坝韩家园字派：有知大道春 文章可立身。

二、萧山迁皋东支。韩膺胄之后,约明中前叶自萧山奔海安投族亲以期安居,然海安族众渐已四分,旋即移居皋东潮桥南乡繁衍至今。潮桥韩家园移岔东字派：玉芝德龙宗。

严 富春堂 客星堂 世德堂

楚庄王之后有庄姓，汉明帝时避讳改严姓。魏晋之际，有复本姓庄者，有沿用严姓者。如皋严姓多用富春堂名。典出东汉严光。光，字子陵，余姚人，少与刘秀同窗相善。及光武复国，思子陵之贤，数次遣使访之。及子陵至都，与帝躺卧论故，不经意间，子陵以足加帝腹。次日太史奏称有客星犯帝座，帝笑称是朕与子陵共卧之故，欲封子陵官，辞不受，仍隐于富春耕山钓水。

一、苏州迁如皋支。始迁祖严谷宝，避靖难之役自苏州阊门迁居皋南江宁乡。后散居如东古坝、海安南莫等地。阊门支转居于港严家圩子字派：一二三四五六七八九十。如皋迁古坝严家老园字派：广永宝志德。如皋南门移古坝启秀字派：朋文松宝。丰利字派：天承宗世厚 正大光明元。

二、盐城迁柴湾凌民支。始迁祖江南隐士严宁清，明初奉诏迁居盐城。及明中叶，其后有一支迁如皋柴湾凌民。明万历间又自柴湾迁皋东马塘场西北段家庄。凌民字派自一世起：小华君茂 之尔宗（诚）志 万广锦宏 修善道成。

三、桐庐迁太平寺支。清同治《严氏富春堂家谱》载，始迁祖为严子陵第五十一世孙国礼，明弘治中（1496年前后）从浙江桐庐县迁崇川城东太平寺（今观音山）旁安家、繁衍。现后裔居于八一村的润成圩、星辰圩，国庆村的范家圩，龙潭村的殷保圩。

崔 博陵堂 雁山堂 证谊堂 敦睦堂等

系出姜姓。齐丁公伋嫡子让国叔乙，食采于崔，后人以此为姓。东台、海安、如皋、如东四县崔姓始祖为元代苏州人崔元三，世居阊门石头巷。次子重九，先入义军张士杰部。明洪武元年（1368）义军归附朱元璋，调入羽林左卫军。二年攻打庆阳亡于阵。其孙伯川补伍从军。明正统七年（1442）封为千户长。二世祖大亨，明洪武中随伯父九六公、叔父元季公一同渡江北迁，大亨为东台虎墩崔姓始迁祖。明崔印墓志铭在东台发现证实崔姓"迄元季始徙海陵之富安场"。

一、苏州迁今海安、如皋、如东分衍虎墩崔氏后裔。明中叶一支移居石甸，有崔家河之称。民国间建有崔家祠，土改时毁。各地字派如下，虎墩一世起：重大伯叔永 子朝道秉绍 克士之尔我 德隆昌宗广 世业恒荣庆 群良必肇贤；虎墩移石甸崔家河（庄）：孔昭兆长凤；崔家河移袁庄崔家庄：德隆昌盛广 松柏槐杨柳 世言恒元庆 德祖应（按原拟十五字相转，今已改，虎墩字派在明万历中已定。如东将本应第十六代始用的"德"字提前到明清之际就开始使用。原"世业恒荣庆"移入袁庄后，演变为"世言恒元庆"，其中"言""元"两字改变，或为音近，或有意为之）。

二、吕四支。吕四崔氏为官宦世家，名臣崔桐为明正德十二年一甲第三名进士，官拜礼部侍郎，编著《武宗实录》《明嘉靖海门县志》，遗作有《东洲集》。其家因海潮坍塌，举家迁余东，崔桐终老于金沙场。后裔迁兴仁。一支侨居通州王灶河，于清乾嘉间移居吕四南乡斜港畔。

夏 会稽堂 余庆堂

颛顼之后，大禹开夏有国，称夏侯国，其后代以夏禹王之国号为姓。又陈宣公子少西，字子夏，其孙征舒，以祖父字为姓。

一、泰州移如皋支。始迁祖夏和，明初其长子夏瓘在如皋做生意，见芹湖有沃壤可居，遂与其余兄弟六人自泰州移潘泾（今搬经夏家岱）而居。其中琅、瑄传一世而终，璜传二世，琪传三世，琳传五世。惟瓘传至今称东分，琳传至今称西分。又《夏氏家谱》（清同治）称安二公生七子，七公琳为皋始祖。其后一支迁居如皋雪岸支分前后夏家庄。历五百多年，繁衍二十二代。

二、阊门迁如皋九华支。始迁祖夏静安，原世居湖南，洪武间经苏州阊门迁徙而来。

三、盐城迁如东支。据盐城等夏氏宗谱序云：夏氏传自崇伯鲧，禹治水而开夏。高邮夏姓始祖夏重五，号御龙，排行七十二，本徽州婺源清华街人，与其弟御凤、御虎多树山木，家业颇饶。后分家别业，御龙客广陵，事盐业，遂家于扬郡，御凤偕弟业丝绸，张市于姑苏阊门，兄于苏州出售，御虎则守徽之家山收购。元至正间，江南多事，御龙兄弟携眷挟资，得高人指点，兄弟分居高邮、盐城、清河（淮阴）。其中盐城夏家庄一支世代经商，靠行下河船做生意，往来于皋东与盐城之间。晚清河运弱，于清咸丰间分别居于双甸、岔河、掘港间。原谱毁于"文革"。字派如下，如皋一支道光间移潮桥夏家庄：金延文福；盐城迁岔河镇：彩毓鸿儒。

乔 梁国堂 世德堂

乔氏本桥姓。黄帝葬桥山，其支子与庶子世代守此，后代便有以桥为姓。汉太尉桥玄六世孙桥勤为西魏丞相宇文泰下属，泰嘱其去木为乔姓，取高远之意。

一、盐城迁如皋（丁所）支。盐城一支始迁祖本渊、本亮兄弟，明初由苏州阊门迁居盐城，乔冠华乃其后裔。至明中叶有支派散居宝应、如皋等地，清乾隆间皋邑丁家所有东皋印人乔林（号墨庄）刻竹根印，被乾隆欣赏误为宋代人。

二、镇江迁马塘乔姓支。镇江乔姓始祖晋代人乔智朗，字元达，四世孙乔瑞居镇江，清初其后一支避乱迁来马塘。字派：金国恩家（建）。

丁家所移岔东字派：有万爱。

三、安徽迁幸福支。清康熙末，安徽大别山区乔大举人两兄弟避动乱逃至乔家碾坊开碾坊，逐渐发财，家谱中已载十二代。

韶　太原堂

系出有虞氏。舜南游到韶州，命乐官奏韶乐。后孔子在齐闻韶乐，三月不识肉味。奏韶乐之乐官便以韶为姓。韶姓在宋代《百家姓》上排二百六十位，现为少见姓。

如东支。《丛氏宗谱》上有明万历年间丛氏女嫁丰利西韶光国，恰丰利西古今皆有韶家庄，现此庄有邵姓。原韶姓繁衍不多，零星散处，上源何时何地迁来亦不清楚。

丰利西南字派：长有学正。

古坝街河西韶家瓦屋字派：福长宝亚（口述人韶亚军）。

卜　河西堂

周有太卜之官，学天文卜算，其后以官为姓。元至正间，苏州昆山人卜世安中举，明洪武中选西安知府，占籍安东（涟水）。今淮盐等地卜姓皆其后。

一、里下河迁如东支。如东掘港、马塘等卜姓是清中叶及陆续由里下河一带以船为家的船户，或捕鱼摸虾，或行船上岸挑货郎担做小生意，由北渐南至皋东，再改籍居此。现马塘有柏姓者。盐城亦有明初从苏州迁大丰柏姓者。

盐城等地一世起字派：士先育仁　金水保大升　立履忠采文　敬守贻谋训　廷昆广德功　衍成安嗣茂　以序显其宗。

苴镇卜家桥移丰利字派：宗友孝开。

二、如皋迁南通支。清时如城有卜姓居住，民国间移居南通城。

时　钜鹿堂　留犊堂

明代

周武王封伯益之后于申国做诸侯，为楚灭。楚王封其后申叔时为大夫，叔时之后裔，以祖字作姓。

时姓尊东汉河北平乡人时苗为始祖。苗字德胄，建安中任寿春令，驾自家一头黄母牛拉的牛车到扬州郡寿春县上任。任满，其带来的母牛产一牛犊，手下人叫他一起带走。时苗说小牛吃的寿春之草，饮的寿春之水，我怎能带走，遂留牛犊于寿春。其任上，有清白之名，著惠爱之声，事迹成为古代清官之榜样而载入史册。北宋时光、时建亨父子由河北大名迁镇江；南宋间，时广生迁常州。如皋车马湖有一支时姓，何时由常州迁来，时间不详。现如皋东北及如东西北部有一支时姓，上源不清。

清光绪间时锦广于居处建一木桥，以方便乡里交通，遂以时桥称。字派自清乾隆始：鹤宏大学宗（忠）　荣（景）华广孝（伯）明。时桥：正锦华广圣。时桥移浒澪：永定金必正　长希守相功。

孟　平昌堂　三迁堂

周公封鲁，传到桓公，桓公庶长子庆父本仲孙氏，后改孟孙氏，因弑君获罪更为孟氏。孟姓尊孟轲为始祖，孟母三迁之典为孟姓通用堂名。如皋孟姓有明永乐间避靖难之役自苏州阊门迁来一说。据《汤氏家乘》载，岔河于明前叶已有孟家荒场。约明宣德间孟家有女嫁汤家。其后孟姓有移居苴镇者，字派：云有长春金定宏；有移居掘港孟家荡者，字派：福元寿；环北字派：金德士荣。

庄　天水堂

楚庄王之后，以谥为姓。如东、海安庄姓来源难详。

一、阊门迁沿南庄家桥支。有苏州阊门迁来一说。清初已居此。"文革"前起棺（用棺木制家具）成风，发现有庄氏清乾嘉间三兄弟文彩、文玉、文裕之棺被掘。字派：（文）学忠盛　南松茂德。

二、角斜移栟茶锡璋村支。系民国间"六"字辈。字派：一二三四五六宝。

俞　河间堂　义忠堂　敦伦堂

黄帝臣俞伯，名跗，善医，注《素问》，为俞姓之始。皖、浙、苏等俞姓始祖为晋征西大将军俞纵，永嘉末从晋元帝南渡，镇宣城。其后俞沇，字智先，唐末避兵乱携子俞植迁居新安。植长子昱迁杭州；次子晃居歙县草市；三子昌由歙县篁墩移居婺源长田。昌，字崇大，其后至文字辈18人分婺源俞姓十八房。其中思口、汪口等俞姓先以服田力穑，数世积累资产，至明末已与新安另四大姓程、鲍、方、柯并列。从清初始，俞姓开始商业活动。旧新安徽州商人以盐、茶、木、当铺四业为重。本地区丰利汪姓以盐起家；洪、江等姓以茶起家；岔河方姓以典当起家；程姓与双甸俞姓以木商起家。

一、徽州迁双甸支。明正统间双甸已有俞姓居住。有家谱，"文革"中惧祸扔于河中。木行商俞俊卿避太平天国战争由新安迁双甸与同源本家为邻。

二、江南迁通州竹行支。清代由江南（或崇明）迁通州竹行，民国间再迁海安李堡。

双甸义忠堂字派：纯心修德　永其克昌。岔北分支字派：伯昌有建。双甸俞家木行字派：俊焕（监）子仁正。石屏字派：洪广明正大。

郑　荥阳堂　世德堂

周宣王封母弟友于郑，及韩灭郑，后以国为姓。

一、苏州迁如皋支。据《郑氏族谱》载，祖籍荥阳，再分歙县。明永乐间郑克明自歙县迁苏州，旋自苏州迁九华，后

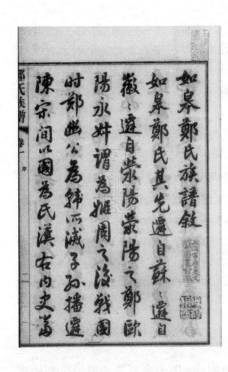

名郑家园,为如皋始迁祖。六世郑玉其于清康熙初移居白蒲,成白蒲著姓大家族,其后一支清嘉道间由白蒲再移居石甸北,后名郑家庄。雪岸刘亮村亦有一支郑姓数十户。白蒲字派:立志汉国光 中华民德长 和平宗信义 孝敬时乃昌。石甸字派:世其永茂 克基福昌。

二、宁波迁古坝支。约清乾隆间自宁波迁来。字派:绍其玉进。

鲍 上党堂

夏禹之后有鲍敬叔,仕齐,食采于鲍,其子鲍叔牙至曾孙世为上卿。

东台迁如东支。本地鲍姓皆源自歙县始祖鲍宏,西晋时由丹阳迁居新安,其后世居皖南。至元明间,分迁苏北盐城、东台等地。汤园支鲍姓于明嘉靖前后即由东台一带过来。初汤园后人烟稀少,沟河夹路。鲍氏便在汤园后占据十三条半夹路之地,以为子孙谋。其始迁祖墓碑尚埋于原地。石甸、岔北等均为汤园一系,字派略有不同。

汤园:集中恒世 永德长方。双南:世其永德云。石甸:秀其国。岔北:明金德建。

柳 河东堂 文举堂 忠孝堂

鲁孝公子展,展孙无骇,以祖字为展姓。至展禽食采于柳下(地名),其德美女入怀而不乱,故时人称柳下惠,其后代即以柳为姓。至唐代柳宗元以文显,称文宗;柳公权,以书名,称笔正。

一、沿南支。其祖先原籍不详。在明初为武职将军。因战事紧急,腊月二十九必须出征,只有腊月二十八向皇帝请假回乡祭祖。祭完祖马不停蹄又赶往前线指挥。故其后人六百多年来,一直在腊月二十八这天烧经祭祖。其族有居如皋、东台、兴化者。字派十五世清道光始:继融步祥 锦春余吉。

二、南京迁古坝支。清咸丰三年(1853)避太平军攻南京,自南京来皋落籍,因其较富裕,一度在古坝有"柳半街"之说,有一支自清末至今仍坚持开竹行为生。字派:国元发(山)志(金)。

虞 陈留堂 世德堂

舜后封虞,后代以国为姓。虎头虞多尊初唐书法家虞世南为外纪一世祖。虞姓多出江浙。

苏州阊门迁马塘支。明前叶江南一支虞姓经苏州阊门迁皋东马塘,后散岔河、丰利等地。有部分被动改余、于二姓。(按:在弱肉强食的旧社会,温饱都成问题,对没文化、宗族意识淡薄者来说,改姓无所谓,宗族基因紊乱在所难免。)

马塘字派:朝廷家国 世定志永 宗堂正大 崇光荣先 华应锡昌。

清初马塘移岔南虞家老场自清乾隆始字派:进长金德盛国云。

储 河东堂 世德堂

姓出齐国大夫储子之后。宜兴储姓始祖唐代诗人、监察御史储光羲。其十九世孙宁七、宁八，元末由宜兴迁泰州溱潼。

一、泰州迁海安支。明中叶前其后储华杰移居海安开枝散叶。如海地区储姓多由此出。

海安一世起：华国批定朝尚文大一三六九 裕德佳家友祥开呈瑞兆 去鹤希秀连。

二、如城迁雪岸支。祖居海安韩洋，后裔一支做木行业，迁如城北门。后木行被日军轰炸，1946年移雪岸业农。字派同海安。

洪 敦煌堂 余德堂 本立堂

洪姓本弘姓，为夏禹之后，世居敦煌。唐代监察御史弘察避太子弘之名讳改姓洪。其孙谏议大夫洪经纶，因得罪强藩田悦，被贬宣歙观察使，遂居于婺源三官源，为婺源洪姓一世祖。其子孙多次分迁播移，至明天顺八年（1464），二十七祖洪福生（又称三阳洪氏始祖）迁居歙县南梅溪（即梅溪洪氏之始，为梅溪一世祖）而为南通、如皋、如东、海安一带洪姓始祖。自明中下叶，因梅溪盛产茶叶，洪姓家庭种、采、制、售茶一条龙，渐由江南向扬、泰、通一带发展。

本地洪姓大多来自徽州梅溪（三阳坑），为晚明到清代同一家庭做茶叶生意先后繁衍分居南通各地。今天也有南通洪氏后人去梅溪寻根问祖，连上宗谱。

通用字派：彦文宗成应 大忠节孝义 本承维宝善 祖兆在敦宜 德厚传家美 仁良时代奇。

左 济阳堂 先贤堂

齐国公族有左右公子，左公子之后，以左为姓。

如皋左姓有苏州阊门迁如皋一说。明前叶如皋见有左姓。清前叶一支左姓自车马湖移居新店季家园东，后名左家湾港。景安一支与其同宗,晚清间由薛家庵移来。字派略有不同。

新店:金春允宗大德。景安:学成元本　允宗大昌。

符　琅琊堂　绳武堂　燕贻堂　庆余堂等

鲁顷公雅,鲁亡后为秦国掌符玺的职官,后子孙以符为姓。宋初大将符彦卿,字冠侯,为骑射世家,二十五岁为吉州刺史,其女分别为柴世宗和宋太宗后,入宋为太师,封魏王。江苏等地符姓多出其后。如东即为山东诸城其后一支。

一、苏州迁通州栟茶场五总与八总两处。其后遂世居于此。

二、南通移雪岸支。如皋始迁祖仲华于清初由南通汤头迁如皋雪岸何角。有谱存。今南通、如皋、如东、海安等地符姓,皆多为其支分。

通用一世起字派:天进汉伯继　志希可子夫　思甫时君有　日宗芝庆永　学仁诚登立　修德家必昌　钟汝树炳培　铭济横焜均　锡治植焕　锦清朴灼增(按后面二十字,均依次带"金、水、木、火、土"偏旁,颇有用意)。

章　渤海堂　全城堂

《如皋章氏宗谱》序云,章氏之先乃神农之苗裔,承姜子牙立豫章仇王之号,因官令族,其子孙以章为姓。自得姓至三十八世有章邯为雍王。晋有章严为兵部尚书,晋永嘉元年(307)避石勒之乱,在泉州安家。到唐末有章武宁郡伯章仔钧(868-914),字仲举,号彰良,谥忠宪,持节高州,不妄戮一人,其妻越国练氏夫人,恩泽二校官,得以保全是城百姓之性命。钧生十五子。宋承信郎章喜孙因方腊起义,避役金华府兰溪县,亦名渡渎,遂以为家。喜孙十一世孙千七世居于此,其兄千一、千三徙姑苏,千二徙淮阴,千四徙祁门,千五徙贵池,千六徙泾县。

苏州迁如皋支。明建文永乐间,千三及侄荣甫再徙江北为如皋章氏始迁祖。约明嘉靖间汝字辈移居皋东。清光绪十七年,掘港场章小庵、岔河白马庙章天有等在皋东户考家稽,抄录成佚,参与完成《如皋章氏宗谱》。

皋东岔河、双甸等一世起字派:干甫仲进秉　文汝夫天嘉　宗永容广天　日星凤荣喜。

傅　清河堂　世德堂

黄帝裔孙大由封于傅邑,因以为氏。

苏州阊门迁如东支。如东东部两支傅姓,均有由阊门迁来一说,时间约于明中后期。字派不同。凌民傅家庄字派:道义金银。环镇傅家大园字派:长万宗广　国恩家庆　人寿年丰。

鞠　汝南堂　桂和堂

后稷孙鞠陶,生而有文似鞠字,因以为名,支裔则以祖名为姓。

蓟县迁如皋支。祖籍河北蓟县。明代迁如皋,后再支分丰利,始有鞠家庄与鞠家园池,有称其祖祠在曹埠。字派如下,丰利鞠家庄等:大南锡生成金;雍正前后如皋迁潮桥者:世长有秀。

侯　上谷堂　尚德堂

姬姓。晋侯姬缗为曲沃武公所灭,子孙另迁他国,以侯为姓。

一、南通州支。侯姓上源待考,至迟明晚侯姓已居通州。清康雍间有姜灶侯家油榨支北迁如东童店、潮桥一带。童店侯家湾子字派:学茂鑫素。潮桥侯家乱坟场字派:志广长金（宝）。

二、通州城内晚清亦有一支侯姓。祖辈在北京时与翁同龢同朝为官，后随翁一同南返，落脚南通，开"西福源"作坊，张謇养女嫁其家。

三、通州高新区，侯家敞厅建于清咸丰间，一进三堂，十分气派，据云，从设计到施工全由南京（避太平天国战争）逃来的一批工匠建造，三年完工。1965年被拆毁。

董 陇西堂 积善堂 正谊堂

黄帝裔孙有飂叔安，生董父，其后以董姓。另一支周大夫辛有二子迁晋为太史，与籍氏共同董督晋国之典，以官职为姓。

一、扬州迁如皋正谊堂支。为汉代大儒董仲舒之后，咸丰间避乱，玉柯、玉森、玉树三人由扬州迁如皋。民国初经商而为如皋大户。其子侄占敖、占熊为如皋第一、二任商会会长，并在东马塘开分店。

二、皋南支。上源不明。明代已居皋南，清中叶前自江宁乡十四都二图八甲（九华某处）移居双甸前大圣庙。字派：彭必德（昌、顺）礼春达。

三、肥西迁掘港支。先世居肥西县董家庄。（按：肥西县董姓始祖为明代人董全罗，光绪初其后董仁才服役扬州为营兵，退役后来掘港，因其活动能力强，经营盐业获利甚厚。每逢新年，但逢卖艺、乞讨过其门者，皆给大洋一块。）

龚 武陵堂

共工氏之后有共姓，后加龙称龚姓。

一、山东迁皋东支。明代祖籍山东一支避乱迁皋东岔河汤园，清康熙间移岔北。字派：大学之道在（长、成）明德亿。

二、崇明迁海门麒麟支。崇明龚姓约清乾隆间（1773

移来麒麟镇北，后裔龚世清光绪间任河南花县知县，后创办启秀小学及中学。后辈多出教育人才。

祁 太原堂 衍庆堂

春秋时晋国多祁姓。始祖为晋献公四世孙祁奚。祖源在山西祁县。

一、凤城迁丁堰支。祖籍河北，始祖祁瑜五自归德府迁上元（南京）凤城乡小五图，在明前叶其后一支迁皋邑丁堰。后散居双甸。字派：国正天心顺 人和世泽长 上元承孝 凤里举贤良。

二、南京迁茞镇支。清初由南京支分而来。字派：春承先逢立。

卞 济阳堂 世德堂

曹叔振铎之后，仕鲁为卞邑大夫。晋代尚书令卞壸，为卞姓始祖。壸，字望之，谥忠贞，世居山东曹县，东晋咸和三年死于苏峻之难。宋靖康间其二十四世孙卞伦，字汝叙，与族人南下，占籍江都为始迁祖。故今国内卞姓多出本省。

一、汴梁迁皋东支。先世居汴梁。明代其先祖于朝为官，因故被贬，遂家于皋东双甸、丰利一带。丰利字派：学文生甫登（福）。

二、金沙南支。清嘉庆期间（上源待考）一支卞姓由金沙东南麻虾榨逃难至饮泉，来时高曾祖仅携纺车与红桶一担。字派：永金春学。

殷 汝南堂 积善堂 九江堂

成汤国号殷。历二十四代，四十四王，六百二十九年为周灭，子孙以国为姓。苏、镇、常、扬一带多奉南宋初殷秩为始祖。秩，字秉夫，行初一，先居镇江大港，其后广布苏南、苏北。

明代

一、泰兴迁如海支。南宋初，泰兴始迁祖殷小十，由亳州迁泰，其子孙甚众，分支多失载，如皋、海安有不少殷姓为此支之后。

二、苏州迁石甸支。明前中叶由苏州迁来石甸殷家庄。字派：(百)春学绍时长。

三、扬州迁古坝支。清乾隆间由扬州支分而来。字派：德正长(锦)立(进)。

熊 江陵堂 忠孝堂

楚有鬻熊为周文王师。成王封其曾孙熊绎于楚，其后代即以熊姓。

江西迁皋东支。祖籍江西，明末避乱迁皋东。清中叶后皋邑才女熊琏，为其族中人。清雍正二年(1724)大潮前，熊氏有上百亩地在栟茶岔河之间蔡家庄上。岔北蔡家庄熊姓字派：福新兆(高)正国。

余 新安堂

源于姬姓，秦国上卿由余之后。世居徽州，为新安大族。本地余姓多为明清两代逃难避祸迁来，各县(市)区余姓分布较散。上源不清。

马塘有虞改余者。字派：汉金国宝。

翟 南阳堂 世德堂

黄帝后代居翟地，后为晋灭，因以为姓。

一、江南迁洋口支。明初奉诏移民，翟姓族中兄弟三人自镇、常间至苏州阊门报到，自此派分皋东。三人分居新林(今李家庄处)、翟家庄、五块原。中华人民共和国成立前，此族多群居，少移他处。字派：一(修)二三四五六七八九下(宝)。

二、西亭移童店支。晚清间自西亭移来。

三、姜堰移海安高扬支。一世祖（始迁祖）裕山公清末由姜堰移居海安高扬翟家坨。字派：裕元章九永厚吉 紫砚皖旭岸韵妙雍睦皓逸。有新谱《海安高扬翟氏宗谱》。

四、兴化移海安翟家坨。与姜堰移高扬同支。清末由兴化戴南移来。

宫 太原堂

周文王子虞仲有庶子封于上宫，其后宫之奇为得姓之祖，世居山西，以太原为郡望。泰州宫姓始迁祖智达，明初由河南徙居河北静海，后来扬州任官遂家于泰州。

一、泰州迁栟茶支。约明万历间有支系移居州东栟茶场之南与岔河北乡交界处。晚明间建宫桥于林家庄东老任港河上。后聚族而成庄于桥东。晚清时举族搬离此庄而散居于栟茶。字派：一二三四五六七八九十。

二、栟茶苏州阊门支说。俟考。

三、海门迁潮桥支。清前叶，海门因江坍，一支宫姓迁居虎头池北。字派：林法（大）奇祥立。

四、海门移岔东支。清光绪间由海门移岔东。字派：奇金（贵）。

费 江夏堂

伯益治水封于大费，裔孙昌仕商，以封地为姓。唐宋江南多费姓。元明之际，始有迁苏北如皋、通州者。

一、高邮迁通城支。始祖（一世祖）费宽，明成化人，大学士宏、礼部尚书寀之昆季。祖籍江西铅山。先徙高邮，又自高邮再徙通州城西关外以居。始迁祖海云始居通州城。明崇祯二年（1629）见时乱，偕弟移居小河（距城二十余里）费家渡。至十八世出名士费范九，以文史名世。（据《谈远楼丛

墨·费氏家传》）

二、柴湾迁马塘支。清中期有一支自如皋柴湾迁马塘北。字派：德文春国。

通城在中华人民共和国成立初，有费姓船户弃船登岸而居。

三、崇明迁通州三圩头。清嘉庆间，费元瑞携子启文迁至范公堤外张家沙定居（现于家坝村29组）。自迁通始祖始，字辈为：元启学宗　金继国俊。

邢　河间堂　三礼堂

周公第四子封于邢，后为卫国所灭，子孙以国姓。

一、渭南迁通州支。祖籍陕西渭南邢家庄。明正德间经商来通州，遂居金沙邢家园。自十三世起字派：慧（会）中（忠）世大　永振家元　广耀祖德　聚代乃昌。

二、通州迁岔河、马塘支。多于中华人民共和国成立前后由通州金沙邢家园移来。字派：永启家。潮桥支字派：正家文广。

三、丁堰迁掘港支。清代由丁堰西北沿河新庄移来。

翁　钱塘堂　羽鉴堂　余庆堂　世德堂

周昭王庶子食采于翁山，后代因此为姓。

本地翁姓人数不多，分支不少。

一、虞山迁潮桥翁家园支。先世居常熟虞山，明清之际始迁祖一叶渔舟过江北来此安家。字派：鹤长裕（小）学道明。

二、搬经支。清嘉道间支分掘港北翁家荡。字派：成维明士。掘港尚有一支原籍兴化，清中叶迁来。字派：世学文志。还有一支祖籍徽州，由搬经再迁，清初迁来翁家荡，乃世德堂支分。字派：成维正士美。

另环北有一支乃龚姓改翁，世居翁家荡。

韦 扶风堂 德庆堂

颛顼孙大彭为夏诸侯，少康封其别孙元哲于豕韦，后裔以国为姓。按明万历丹阳《韦氏族谱》载，先世京兆人韦藩，汉桓帝时卜居延陵。其后北宋大中祥符间有韦陡，致仕后移居延陵河东为大宗。陡曾孙德寰，开派溧水三山，十三世孙旻，徙丹徒大港，十六世孙天民，生子，分二十四支，其后裔多散常、润两州。

镇江迁如皋支。明代中前叶由镇江迁来，万历间已有居双甸者。

丰西韦家庄字派：春朝修善正　家寿纯良。

丰利移岔东字派：仁春国正。

程 广平堂 四箴堂 善和堂

系出伏羲氏。重黎为火正，裔孙封于程，子孙以国为姓。

本地区程姓始源皖南。始祖为东晋新安太守程元谭，其本山东东阿人，迁居歙县黄墩，为新安程姓之始。子孙遍布皖、赣、苏、浙。其堂号"四箴堂"，出北宋理学家程颐，所释为人视、听、言、动四箴之范。这一支唐宋间居赣省饶州瓦屑坝，元代复迁于皖南桐城、怀宁、太湖等地。后再支分苏州、海安。

在明清两代，程姓多因避乱与经商来皋邑各镇乡间。

岔河支。清乾隆间自休宁经商而来，居南乡，后名程家老园。善和堂字派：庆共济。四箴堂字派：少光考。

掘港支。太平天国间由歙县过来。字派：汉源海建。

褚 河南堂 世德堂

殷王后宋恭子食采于褚，其道德可作师表，人称褚师，其后为褚姓。

一、苏州阊门迁马塘支。有源自阊门一说，约明后叶迁来，为潮桥七大姓之一。字派：充国笃炳。岔南字派：长明保亚。

二、湖北迁双甸支。清道光间湖北米洋洲（读音）人褚大米沿途挑担贩货来到双甸，在丛家坝西娶妻，生二子，二子尚未成年时，褚大米仍回湖北。其妻独立抚养二子成人。字派：大学之道山。

三、安徽迁李堡支。祖上为避太平天国之役，从安徽迁此。原家道殷实，来李堡后置田收租。后裔有画家褚秉锋等。

华 锡山堂 太师堂 二祝堂

宋戴公子考父食采于华，孙华督以华为姓而为始祖。无锡一支华姓始祖华原泉，两宋之际由汴梁迁无锡梅里乡隆亭，历七世而分十五支，为江南华姓主源。清初有大收藏家华夏。

无锡迁皋南支。明前叶无锡华姓一支迁居皋南五十里。第二代始移居皋东汤家园，至福字辈已有二十二代。

汤园华氏十八世起字派：右思国庆福。

史 汉寿堂 翰林堂

系出史皇氏仓颉之后史佚，为周太史，子孙以官为姓。

一、三河迁皋邑支。始迁祖为河北三河人史揸，明建文元年始任如皋县令，连任九年，任上官清民安，任满因贫而无川资回乡，遂居如皋南乡。后病故，百姓感恩，助其葬，子孙遂改籍居如皋。后裔散居皋邑各地。

柴湾支。清咸丰六年"春"字辈逃荒居岔南。字派：春连传彭向（勇）。

岔南分支潮桥史家园字派：锦学汉传德俊。

二、海门史家镇支。清乾隆间史姓一支（上源未详）以江上打鱼为生，后落户秀山乡季港村，繁衍成史家镇。

三、兴仁镇支，兴仁镇"四大望族"之一。相传清代出进士史迁庚。后代于清末迁出兴仁。

危 晋昌堂

缙云氏之后，三苗合舜子丹朱与禹战，败于三危山，三苗之后以危姓。

江西迁东皋支。祖籍江西，明嘉靖间双甸已有危姓迁来居住。岔北字派：锦国必（毕）。

诸 琅琊堂

春秋鲁国有大夫食采诸邑，其后以诸为姓。又为越国大夫诸稽郢之后。诸葛姓出葛姓，居诸县而称诸葛。

一、宁波迁东皋支。明代自浙江宁波移居丁堰。清嘉庆间已见居岔河。其祠在如皋东门。

二、芜湖迁如皋西场支。清乾隆间诸葛禧迁如城北西场，以治铜印闻名，见《东皋印人传》。

庞 遗安堂

出自姬姓，为毕公高之后。

襄阳墩头支。祖居湖北襄阳南郊庞公乡，因避战乱，先迁至苏州阊门，后又由庞玉甫率家人迁海安墩头镇姚家簖，庞玉甫遂为始迁祖。四世祖庞十龙考中探花后，曾建始迁祖陵园。有碑记。

鲁 扶风堂

周公子伯禽封鲁，到顷王三十四代，九百余年，始为楚灭，子孙以国号为姓。江苏南部鲁姓始祖为三国安徽定远人鲁肃,因避乱举家先迁丹阳,后又移居吴都建康(今南京)。其子淑、孙睦皆为东吴之将,繁衍至元代,鲁道茂由江宁再迁句容。本地区鲁姓多为明代由江南迁来,初多居海安、东台界,为数不多,且多次转迁,失其祖籍,源头难清。

古坝字派:瑞(世)长永(志)金。

申　琅琊堂

周宣王舅申伯乃炎帝之后,封于申,其后以国为姓。本地申姓皆为元明之际由苏州阊门迁江北泰州、盐城两支主源之裔,零星散布于如邑、海安、皋东等地。

清中叶海安移马塘字派:大广庆国亚。栟茶字派:广如井岳。

六、清代至民国

梁　天水堂

周平王封伯益之后秦仲少子康于夏阳梁山，子孙以国为姓。

江都梁姓始迁祖南宋右丞相仪国公梁克家，字叔子，一字式庭，福建晋江人。其后在明清易代时东移皋邑。梁氏每隔一段时间即分迁一地，如清初由丁堰移马塘南，清中叶再由马塘南移岔北梁家桥，清道光间又分支移岔东。梁家桥字派：林（井）永道启（喜）。岔东字派：长友友中金玉。

晚清民国间，江都有一支迁启东。

盛　广陵堂

周穆王封同族于泰山南，号国为盛，后为齐灭，子孙以盛为姓。

祥符迁如东掘港支。祖籍河南祥符。南宋初始祖盛道诚，字敦夫，号宝庵，随宋室南渡，至镇江安家。清顺治间，镇江两经战事，百姓避乱，遂有多支盛姓举家迁居皋东掘港等场镇而居。后族人渐增，晚清建盛家庙于掘港西北。旧掘港场多野荡之地，人烟稀少。清咸丰间大量江南百姓（避太平天国军战争）除散居镇市外，也有到乡下野荡之地寻找安身之处，多不为当地老姓所认同而遭欺凌，只好把原姓改为强势之姓，但仍低人一头，所以也有很多移民设法打听投奔早已居此的老本家。故此掘港、苴镇、长沙等近海地方都会有改姓、同姓异宗等现象，称一姓多源。虽然在字派上有些区别，但一般到今天，有许多都彼此糊涂了。现今仍有老盛姓者对不同字源的本家问一句："是真盛还是假盛？"近代有将"盛"简写或改写成"圣"（聖）者。

各字派如下，掘港盛家庙：少锦德开日（女子用"美"）；岔河：万长明富（正）贵；岔北及如皋东陈改"圣"姓者：德如国建；古坝：如今亿万。

曾 鲁国堂 三省堂

姒姓。夏少康少子曲烈封鄫，后为莒灭，鄫太子名巫，去邑以曾姓。孔子弟子曾参《论语》中有"吾日三省吾身"句，故其后裔广泛用作堂名。曾参原居鲁国武城（今山东嘉祥），被尊称"宗圣"。至西汉末避王莽之乱，其后曾据率族自山东迁江西庐陵，其后广布于闽、粤、湘、鄂、浙、苏等省。

江西迁海门支。该支源于江西。清康熙十一年海门又一次塌江迁县，曾氏族人移居皋东马塘南乡，后名曾家园，有谱，毁。字派：少（聘）佩希。马塘前字派：廷德福春希国。

雒 广陵堂 光裕堂

以居邻洛水而得姓。古洛皆作雒。舜友有雒陶，为雒姓之始。雒氏在本地为稀少之姓。田间考古见古坝有近修之墓，碑文"陕右洛南光裕堂十二世祖雒公辅周"。两侧堂联"尧天稼穑，舜友源流"。门墩上刻居室联："礼乐祖绳武；诗书贻子孙。"可见其家风垂古，然其先缘何于清初迁来皋东，无考。

古坝字派：辅继洁承。

臧 东海堂 积善堂

姬姓。鲁孝公之子彄食邑于臧，谥称僖伯，因以为姓。

扬州迁袁庄支。清初避兵乱自扬州迁来。清道光始字派：裕明宜桥乔锡达。

解 平阳堂

周武王孙姬良受封河东解邑，其后以邑为姓。

镇江迁如东支。祖籍江西吉水，与明永乐初翰林学士解缙同族。明有族人徙居镇江。清初，解姓始迁祖佚名，因明崇祯朝曾中武科举人,舞数百斤大刀水泼不进,清廷下令征其入伍,惧祸而由弟代,自潜泰州海安镇,殁葬石家甸西南草观堂处。其后多零星散居皋东各地。

字派如下,栟茶清康熙间起:一二三四五六七八九十;石甸:学兆伯光;苴镇:太师淑。

冷 京兆堂

康叔之后有冷姓。

丹徒迁苴镇支。始迁祖元代人冷安,明洪武初由江西筠州(今高安)迁丹徒朱方镇,约清康雍间其后一支迁皋东苴镇。字派:秉德培家瑞 遵仁养太和。

袁庄一支。缺考。

杭 丹阳堂 郁水堂 余杭堂

姓起大禹。禹治水毕,遗舟船之地,故称余航,为其支子之封国,后国除称航姓,又以木代舟,改杭姓。一说汉代有东乡侯、长沙太守杭徐,为杭氏得姓始祖。

一、如东郁水堂支。以郁水称堂者全国罕见。郁水或得自《山海经》中上古有郁水国,或汉时广东、广西有郁水而称。明清之际,有杭姓小夫妻俩来皋东野营角(上源不清),在此同居者还有朱、管二姓。杭姓年轻气盛,一次与外人抢割荡草争斗中被人用斫刀砍腹而死,寡妻携子改嫁朱姓,共育两姓子女长大。掘港有杭家巷遗迹。

二、丹阳迁岔河支。祖籍丹阳(按丹阳杭姓始祖为五代人杭苇,世居丹阳)。太平军据镇江,江南居民纷纷离乡避乱,有一支迁居岔河安家。潮桥镇上有一支系抗战中由东台富安移居于此。

字派有,童店:金振德春秀;岔河:五应文燕。

三、东台迁墩头支。杭州余杭堂一支由东台富安迁至墩头曹庄,时间不详。字派:端国大起加 三四五六开。

宦 东阳堂

清代《姓氏五书》称宦姓取意仕宦,不以阉官为姓。宦姓为少见姓氏。明代唯江苏省丹阳多见宦姓,后零星散居各地。

车马湖迁沿南支。清前叶有一支自车马湖移居皋东沿南等乡镇。其姓有苏州阊门迁来一说。现雪岸南境仍有宦姓家族。沿南字派:林福正圣连新爱。

栾 西河堂

栾姓来历有二。一出姬姓,唐叔虞之后。晋鳌侯庶子姬宾,封河北赵县,时称栾邑,其子孙在失邑后以栾姓。二出姜姓,齐惠公子坚,字子栾,其后代以祖先之字为姓。山东多栾姓。明成化间泰州发生疫情,苏州一栾姓名医前来协助救治,后见此地有茂林修竹,爱其景雅,遂举家由苏州阊门迁此。后分十三支,子孙散居长江两岸十余州县。

一、苏州阊门迁如皋顾家桥支。清初有分支别宗移居如皋顾家桥南四里。后代经营豆腐为业。清咸丰间扬中一带数十户避战乱前来与栾姓共住。因处交通要道,设店铺于此,推栾姓为早,而称栾家店。至中华人民共和国成立前后有店铺四十余家,但在抗战前已无栾姓居此。

二、双甸栾姓支。在清康熙间由栾家店分支北移三十里,后因户多而称栾家庄。清嘉道间,栾家店主人有一女,长脸跛足,自许从佛,父兄为之建一庵,供4米高观音像,青灯木鱼,伴佛垂老,人称栾家庵。现该地有栾姓百余人。双甸栾家庄字派:裕敦(锡)本亚。

镇 敏顺堂 余庆堂

镇姓本南宋嘉泰前后蒙古汗国大臣克烈氏镇海

（1169—1252）后裔。镇海因功于窝阔台三年受封右丞相，八年封功臣，赐恩州一千户世禄。元亡，后裔以镇为姓，散布于湘、鄂、苏、川等境。一说获罪发配居皋邑。镇姓始于元代，故无郡望。

一、石港支。清初始字派：伯四育茂良　天宗宏文芳　学桂国永一。

二、新店镇家窑支。字派：金学桂建。

商　汝南堂　三元堂

商纣王时大夫商容，因忠言直谏而罢官。武王克商，容归周。武王立其女清君为后，故此商姓以国而传。到七代孙商泽、商瞿皆为孔门弟子。瞿子仲容复居睢阳（商丘），仲容九世孙奎由中州迁淳安。明代宣德、正统间，商辂（1414—1486）乡试第一解元，会试第一会元，殿试第一状元，称连中三元。此三元堂出典。

常熟迁皋东晓塘支。其先世为浙籍，由浙而居常熟水乡，近水傍岸，以船为家。清嘉道间沿途打鱼捞虾，行至皋东晓塘，俨然常熟故土，而家于此。

马塘字派：长德富永（如）。

芮　芮城堂

出姬姓。周文王卿士良夫在武王灭商后被分封到芮城，称芮伯。其后立国为芮。春秋时归晋，后人以芮为姓。东汉一支芮姓自芮城迁溧水。三国时有芮元为溧阳侯，称为南宗之首。留平原（芮城）之族遭靖康之变，也迁溧阳，两支复合，遂为今日八宗芮姓之源。明永乐六年，有芮禄自溧阳迁句容吐祥岗。

句容迁如皋支。清咸丰间有一支避太平军兵锋自句容太平桥迁皋东岔河。如城内亦有芮氏。

岔河字派：典正崇（金）宏。

穆 汝南堂 立城堂 世德堂

宋穆公有一支后代以谥为姓。

史载元至正十六年（1356），脱欢曾孙镇南王孛罗普化（如皋冒姓始祖冒致中堂兄）在扬州被地方反元武装赶到淮安，十月又被红巾军活捉处死，其子孙、族人及部属等四散逃亡，纷纷改汉姓。如丞相脱脱，蒙古语称其姓篾儿乞特氏，其后代以同音转成汉姓穆、缪等。故如皋冒氏得姓之源也有出脱脱之后一说。元末朱元璋为防张士诚部下及其他反对势力重新割据，在泰州一带设军事堡垒，州北兴化穆家堡，即为由刚刚改汉姓不久的蒙古穆姓军籍之人合族于此驻扎。天下初定后，此支穆姓为了自身安全，纷离此堡，散居四处。南通北三县部分穆姓可能源出此处。然泰州另有一支穆姓系明初自苏州阊门迁入。

一、宁波迁南通支。系太平天国时避战火自宁波庄桥穆家庄迁来。字派：清世天云 大显祖兆 经邦纬国 广照顺绪 喜圣之言 维忠孝史。

二、海安迁岔河支。清嘉庆间自海安移居岔河北地藏殿，再迁岔南。清咸丰始字派：炳长其敬。岔北移双甸字派：金春馗允正胜再。岔南另支立诚堂字派：昆明奎元。

莫 钜鹿堂

出芈姓。楚有莫敖之官，后代以官为姓。

如东饮泉支。清乾嘉间，江南一支莫姓避难迁居饮泉，居于范公堤南，后称莫家湾。因勤俭持家，致富一方，子孙增多，辟居莫家园。于掘港建桥利民，称莫家桥。饮泉莫家园字派：忠长银如（金）德。掘港清嘉庆时始字派：庭国宗长盈如德。

窦　扶风堂

夏王相遭有穷氏（指羿）之难，其妃有仍氏方娠逃至窦地，后生少康，子孙遂以窦为姓。窦姓显于两汉。江苏窦姓源出山西，宋元两代有居于江宁及扬泰者又散枝于苏南。清初如皋双甸已有窦姓居住。1953年，通州五总移马塘字派：广金桂连盛。

毕　河内堂

周文王第十五子高，封于毕，子孙以国为姓。徽州一带毕姓始祖毕师远，唐乾符间由河南偃师任官新安歙州金书判事，遂居于篁墩，其后则散布于皖、赣、苏等省。

徽州迁皋东支。清乾隆间有窦姓经徽州经商来皋东，后定居于丰利坝，数代从事海鲜买卖。古坝字派：成（子）同忠（晓）福（宏）。

杜　京兆堂

帝尧之后，建国于刘，为陶唐氏，至周成王灭唐而封虞，乃迁唐氏于杜，是为杜伯，其后以杜为姓。

一、东台移潮桥支。约清乾隆间由东台分迁而来。字派：荣长汝志。

二、雪岸支。上源不清，清末之前已于刘亮村七组等地繁衍。

柏　洛阳堂　世德堂

上古柏皇氏之苗裔，后春秋有柏国，为楚灭，后代以国为姓。宋末有柏景贤，原居安庆府，后迁扬州北金湖为始迁祖。大丰柏姓明初"洪武赶散"从阊门迁来。后裔南迁本地区。

镇江迁马塘支。先世居扬州，清初避兵祸南下镇江，约清乾隆间始迁皋东马塘。字派：汉（树）兆长海。

仲 中山堂 三善堂

帝喾高辛氏当政时有才子伯仲叔季八人辅助治理天下。其中伯谌、仲熊，以排行为仲氏之始。全国仲姓尊孔子弟子子路为始祖。子路即"二十四孝"中"为亲负米"之仲由。明靖难之役，子路第五十六代仲子宣、仲子华兄弟避燕王兵乱，自吴江迁泰州富安场。后子宣生七子。

一、吴江迁西场支。文汉、文实两支分西场，子华徙居梁垛场。西场支自清乾隆以后，人才辈出，尤以书画为著。

全国仲姓自六十四代始统一字辈：蕴耀振贻绪 统延肇跻伟 崇维昭光辉 怀如敦恒循。

二、山东迁李堡支。祖籍山东，祖辈仲尔雄，进士，清乾隆初任山东济南知府、江西九江知府、福建福州知府，在福州卸任后，途经李堡在此定居。后代有仲福斋、仲兆云等名士。

童 渤海堂 世恩堂

老童为颛顼子，其后代以祖字为姓。自唐至南宋，江西、河南童姓避乱皆迁居于浙江兰溪，其县共有七支童姓，堂名各不相同。

一、浙江兰溪迁栟茶、李堡支。栟茶世恩堂一支，始祖童光弼，字公辅，北宋初自河南沁阳迁衢州府城，后转迁兰溪孟塘村。清咸丰年间太平军攻浙，此支后裔兄弟二人渡江至皋东，一居栟茶，一居李堡。栟茶清同治间始字派：裕文焕万。

二、童店支。童店童姓为民国间迁来。

另据口述史介绍，古坝在唐代曾名"童家庄"；清顺治间岔河已有童姓居住。

应　汝南堂　东海堂

周武王封第四子于汝州叶县应城，后代以邑为姓。宁波地区应姓多是唐代明州牧应彪之后。

一、宁波迁古坝支。清中叶由宁波避乱移古坝定居。其字派每代轮流，用金木水火土为偏旁且取名多单字。

二、掘港应家桥支。上源失考。字派：成国春鹤。

闫　顿邱堂　尚志堂

出齐国大夫闫丘婴之后，或出自闫师职官，后以官为姓。

永丰迁海安支。本地区闫姓祖籍山东，其祖上宦游泰兴永丰（今黄桥）镇，见地灵水秀，遂购地建室。五世祖始移居雅周，其后再迁海安闫集巷。

颜　东鲁堂　世都堂

周武王封陆终第五子安之后裔于邾，邾国武公名夷父，字颜，《公羊传》称其为颜公。其后以颜为姓。颜姓原居齐鲁间，魏晋时多迁江南。

一、淮安迁栟茶支。清末颜树林者由淮安迁来。字派：树宝春。

二、兖州迁双甸支。清光绪间，有泰和公从兖州迁此开店。字派：泰锡（范）金。另孙窑字派：广金文（锦）新。

刁　弘农堂

周文王之后有雕国，后更国称刁姓。晋有弘农郡守刁协，拜左仆射，刁姓多出其后。

一、盐城迁掘港支。清中叶自盐城移来。（按：盐城刁姓先世居江西，元代有七五公，元兵遣其至宝兴，后代散居盐城、天长等地。）

二、如皋支。上源不清。如皋西南乡有《刁氏宗谱》存。中华人民共和国成立之初，原如皋县长刁守坦，为其后裔。

三、通海支。系明清之际自中原迁来。

柯　济阳堂　崇本堂

周文王兄泰伯奔吴建国，其后有柯庐，是为柯姓始祖。

一、歙县迁皋东支。约清咸丰间永字辈上下，自歙县水竹坑移居栟茶、马塘、岔河等地经商教书而定居，在徽州大姓中，唯柯姓来此地最晚。其乡情较重，现有柯姓仍常往来两地。

柯姓通用字派：文世大汝惟　元中启承宗　永茂光佳广　尚友敦伦　以昭祖德　继恩崇本　乃振家声。

二、海西支。海安西部雅周一带，有一支柯姓，崇文重教，屡出人才。然上源不详。

瞿　松阳堂　庆余堂

商大夫瞿父之后。宋代江南多瞿姓。本地瞿姓多源自通州。

一、常熟迁二甲支。始迁祖瞿旭堂于清咸丰间，率三子十孙自常熟迁来，经商买地，最多时有田三万亩。

二、通州支。上源或为苏南迁来，来源不详。迁通不迟于明末，清康熙间已分支至潮桥南。字派从九世始：贵宝佩国。饮泉支系清同治间迁来。饮泉瞿家横庄字派：二长万如。另马塘、岔河等支在中华人民共和国成立前后皆自通州移来。

金沙字派：学童永焕　立广祖德。

房　清河堂

舜封子丹朱于房，丹朱生凌，后国绝，子孙以国为姓。

一、薛庵房家庄支。上源失考。不知是否为兴化支分。兴化始迁祖房正武,原籍济南府余化县,后迁苏州阊门三堂街。明洪武间移居兴化、射阳、东台等,为其分支。清初如皋已有房姓居。该支字派:裕(天)松(文)新志。(按:东陈、雪岸一带及刘亮村亦有十数户房姓,字派不同。)

二、岔南、双南支。字派:国金盛(玉)德福如。岔河房姓初因躲债而匿居南乡樊家庄北,债主追至此,人称此有樊姓而无房姓。房姓在本地多读樊音。

阚 天水堂　积德堂　德利堂

系出姞姓。南燕伯之后,封于阚,其后以邑为姓。

一、观音山支。上源不详。晚明有阚明洲者居通州观音山,其后建阚家庵为家祠。

二、通州迁皋东支。清雍正后通州阚氏有几支迁如东,清道光间阚家庵一支移居潮桥南村与朱姓共建斗姆宫。至今承字辈七代为道,主一方醮神祀福之事。潮桥北有阚家缺。

潮桥斗姆宫德利堂字派:怀际镜承。岔东字派:福永经国松。

戎 江陵堂　敦厚堂

宋微子之后。

兴化迁栟茶支。该支戎姓源自兴化。兴化戎姓始迁祖戎太原,明洪武初由苏州阊门迁居兴化。其后一支于清道光后移居栟茶三官殿,今已逾八代。20世纪70年代初赤脚医生戎乃秀曾出席联合国大会。

字派:国喜炳寿锦盛。

方 河南堂　克猷堂　翰林堂

周大夫方叔之后。

一、徽州迁袁庄支。清乾隆间自徽州迁来。徽州方姓皆方叔三子廷佐、四子廷宾后裔。廷佐后方氏七十八世孙方纮，居歙县东乡（浙江淳安），为新安一世祖。其孙储汉和帝时为黟县侯，储二十世孙方羽迁黟县临河。字派：正凤韶同（正）学。

二、歙县迁岔河支。先祖晚明由歙县迁来，开典当行。数年前曾整理自二十世兴全公起至今的直系宗亲小家乘。其先歙县人，以末川方耀龙为第一代，至今已繁衍近三十代。晚明十三世从桐城迁来。二十三世起字派：国治邦定 永承大业。

新光字派：友如玉维学。又：玉维建晓。

端 鲁国堂 楷树堂
本端木氏，源出姬姓。卫国公族有端木赐，为始祖。
岔河支。清嘉庆已有端木姓居住。栟茶街上亦有端木姓氏人家。皋邑亦有散居。
马塘支。太平天国间从山东迁来。

丰 冯翊堂
姬姓。郑穆公子丰，其孙以祖字丰为姓。丰施、丰卷为丰姓之始。
浙江多丰姓。著名者有丰了恺。
镇江迁古坝支。先辈避太平天国战争，于清咸丰间锡字辈自镇江迁来。
岔北字派：林锡士洪诚 家道恒胜。

步 紫金堂
出姬姓。以封邑名为氏。奉步扬为始祖。
石甸支。约清道光间行船兼经营商品，往来于皋东乡镇间,后遂落脚于石家甸。后支分马塘、白蒲、雪岸等地。字派:长子维永。

安 安知止堂

安息国后裔。传安源自黄帝子昌意之次子安封于西戎,后建安息国。

扬州迁石港支。始迁祖安青居,世居四川华阳,后迁湖北汉口,太平天国战争期间,再由汉口迁南京后,再迁扬州,清光绪年间第二世安静轩再迁石港,后定居南通。妻为马探花(马宏琦)压头女儿(本姓保,改姓马,名媛基),约清光绪间第四世移居南通。

钮 理德堂 本仁堂

春秋时祖居吴兴花林的先祖宣义公之女为吴王夫差第八宫后(宣义公时任吴王从卫骑都尉),当时以椒房之戚赐印绶而指印"纽"赐姓,故本姓"纽",后才演变成"钮"。全国以江苏、浙江钮姓最多。

一、启东四圩迁如东兵房支。祖先在苏州太仓一带。清末移启东,一支自启东四圩迁如东兵房。字派:献廷建。"文革"后未按字辈。

二、安徽怀远迁南通支。民国末一支钮姓自安徽怀远移入南通城内,绵延已四代。

关 陇西堂(以望立堂) 忠义堂

源于董姓,出自远古帝舜时期养龙高手董父,为豢龙氏。古代"豢""关"二字同音通用,又作关龙氏。关姓族人以河南最多。江苏以扬州居多。

东皋支。上源不详。约于清中期后在东陈与雪岸一带繁衍已六代有余。依江苏统一字派:羽忠义道德圣映泰伯锦国云。又字：勇武贤良庚寿龙日文春长汉。新编《东皋关氏宗谱》载：七十九世龙和公房与其支系，至八十五世止。

参考文献：

[1]政协如皋市委员会·如皋市政协联谊会编：《如皋历史文化》，国际文化出版公司，2005年，第14页。

[2]《如皋贾氏宗谱》十五卷，清同治四年（1865）十六册。

[3][4][5]南通市江海文化研究会编：《南通市农村文化遗产名录·如皋卷（上）》，2015年，第37页。

[6][7]南通市江海文化研究会编：《南通市农村文化遗产名录·如皋卷（上）》，2015年，第38页。

[8]南通市江海文化研究会编：《南通市农村文化遗产名录·如皋卷（下）》，2015年，第1449页。

[9]南通市江海文化研究会编：《南通市农村文化遗产名录·如皋卷（下）》，2015年，第2091页。

[10]南通市江海文化研究会编：《南通市农村文化遗产名录·如皋卷（上）》，2015年，第317页。

[11]南通市江海文化研究会编：《南通市农村文化遗产名录·如皋卷（下）》，2015年，第1923页。

[12]南通市江海文化研究会编：《南通市农村文化遗产名录·如皋卷（上）》，2015年，第40页。

[13]陈金渊著：《南通成陆》，苏州大学出版社，2010年，第169页。

[14]南通市江海文化研究会编：《南通市农村文化遗产名录·如皋卷（上）》，2015年，第39页。

[15]南通市江海文化研究会编：《南通市农村文化遗产名录·如皋卷（上）》，2015年，第287页。

七、中华人民共和国时期

七、中华人民共和国的诞生

中华人民共和国成立后,南通人的迁徙概况大致经历了以下几个阶段。

一、接管干部随军南下。1948年以后,北方接管干部随军南下,接管国民党遗留下来的各级各部门机关和机构,并落籍当地。随着大陆的解放,一部分军人就地转业,参与地方建设。实际上这也是一次一定规模的由北南下的军籍转民籍的政策性迁徙。

二、大中专毕业生计划分配。中华人民共和国成立初期百废待兴,大中专院校毕业生多回不了原籍,而是按照国家建设需要,异地分配到各级急需用人的单位,客观上充实了各地各单位干部骨干及知识分子队伍。这种国家计划性大专院校毕业生分配方式一直延续到1992年。这种分散性人口迁徙,表面上看影响不大,但具体到一个人、一个家庭而言,则具有长远影响。从1958年起,国家实行户籍管理制度,农业户口与非农业户口泾渭分明,人口迁徙受到严格限制。即便同是大城市间人员调动,也必须是对等的,"出一"才能"进一"。各市镇的"农转非"指标是1.5‰,真正的"千里挑一"。以上两种分散性政策性迁徙系全国性的,南通也身处其中。

三、援疆支边运动,也称戍边型移民。从1954年开始,南通各地乡镇采取自愿报名、组织挑选方式,选拔一小部分(每乡约2~3名)年轻干部支援新疆建设。从1958年起,以后的几年中,各乡推送全家赴新疆支援边疆建设。每乡约十几户不等,每县万人左右。全南通有上千户家庭奔赴新疆安家落户。这些人中极少数后来仍然回到原乡。

四、知识青年上山下乡运动。1962—1972年间,南通知青大多在本地下乡插队,部分去了农场集体插队。除少数在乡下成家立业外,大部分已返城。算是一次可逆性的集体迁徙。少部分上海知青回不了上海,从边远地区调来南通,并在此安家落户。

五、大专院校毕业生及部分干部支援三线建设。从20世纪60年代中期开始,国家为了战略需要,加强西部三线建设,从东部地区(包括南通在内)调动和分配部分年轻干部与大学毕业生到云、贵、川等西部三线地区工作。这些人除少数在改革开放初期因南通急需人才回到家乡外,其余大部分仍然留在当地。

从1984年起,南通成为全国第一批对外开放的沿海港口城市,国家由计划经济转入市场经济,南通的人口迁徙也随之发生了质的变化,除个别大城市有限制外,全国人口进入自由流动与迁徙时期。

六、劳力型人口迁徙。南通打工潮中进多出少。全国打工潮中,周边省市普通劳动人口涌入南通打工者多。本地农村也有少部分去外地打工,但很少迁出南通。1984年至2019年,外省市迁入本市25万余人;本市迁出3.8万人,其中作为人才迁去外省市的有1.7万人。据不完全统计,安徽、山东、河南、江西、福建、浙江进入南通的常住人口达百万以上,其中安徽最多,约40万人。部分家庭来通已有三代,不仅在南通买房结婚生子,而且把老家的家谱也带来了。现在是南通新市民,若干年后,他们就是安徽迁通的"始迁祖"。

七、高端人才,出多回(来)少。南通人口从1949年的455万不断增长,到1987年达到755万高峰,此后呈负增长趋势,2019年降为731万。人口的减少一方面源于长期计划生育,生得少;另一方面人才外流严重,大学生是"出去一火车,回来一卡车"。不仅是大学生,有才干的年轻人,也流向京、沪、广、深等大城市。而移民海外的人才有1.2万人。限于城市规模和高科技平台,引进高层次人才不能尽如人意。

八、婚姻人口迁徙,进多出少。改革开放以来至2019

年，外省市因婚姻迁入本市人数为24万余人，其中绝大多数为外地女性，两湖和云、贵、川等西部及西南少数民族女性占比不小。这在40年前极为罕见。作为沿海发达地区的城市，南通生活相对富裕，更具吸引力。而本地因结婚迁出人数仅为5.7万余人。

九、退役军人原地转业。20世纪70年代后期军转政策发生改变，迁入本地人数为9.2万余人。这些军人多为外地在本地服役，退役时或因娶了南通女子（她们往往不肯去外地），或因老家不如本地条件优越，因此想方设法就地转业。还有一些已经随军生活的南通女子，总设法将外地的丈夫转业到南通，客观上说明南通是一个理想的宜居城市。

十、南通的孩子被送外地领养。20世纪五六十年代出生的部分孩子陆续被外地人领养是南通人口被动性外迁的一种特殊方式。由于方式相对隐蔽，人数无法准确统计，估计全市至少有千人之多。近十年来，社会寻亲团的活动愈发活跃，才引起社会各界的重新认识。通过DNA采集比对，越来越多的失散亲人重新相聚。中华人民共和国建立初期，一般家庭都处于自然生育状态，每家平均有五六个甚至更多小孩的现象不在少数，加之天灾人祸，生活负担不起，往往将小孩送往各地育婴堂。所以，南通有相当数量的婴儿被山东、河南等地区人家领养。随着时间的推移，养父母过世，养子女们组成寻亲团纷纷来南通寻亲，不少家庭才得以团聚。

十一、地区内人口往海边迁徙。1973年左右，如东海边滩涂成陆，政府为人口土地均衡化发展，鼓励滩涂开发，从饮泉等内地迁徙部分农户到北坎堤外生产生活，并给予政策扶持。

十二、三峡移民迁通。130万三峡人，响应国家号召，支持三峡水电枢纽建设，背井离乡，历经18年，移居全国各地。

江苏安置7 000人。南通的如东、通州等地接收数十户,当地政府为他们的再就业及子女入学做了妥善的安排。

十三、境外迁徙。南通是"新侨之乡"。中华人民共和国建立前后至今,本市移居中国港澳的同胞及海外的华侨华人总数约10万人,遍布全球近120个国家和地区。

综上所述,中华人民共和国建立70年来,南通人的迁徙主要以政策性迁徙为主。改革开放以后,尽管人口迁徙自由度增大,但南通外迁人数总体上少于外地迁通人数。人口增减是判断一个城市(地区)繁荣的重要指标。1987年以后,南通人口负增长趋势明显,普通外来人口迁入虽然填补了南通人口负增长的缺口,但仍然"入不敷出"。农村城镇化发展,户籍制度改革,尚不能解决高素质人口增长与迁徙问题。高端人才和精英人口的稀缺,依然是制约南通发展的瓶颈。

八、结 语

结语

迁徙是人类进步的艰苦历程,南通人身在其中。

具有五千多年历史的南通,几乎经历了中国历史发展的全部过程。某种程度上讲,南通的历史可以说是中国历史的缩影。西北古老,东南年轻。五方杂处,包容发展。

远古青墩,经历了原始社会的渔猎文化与早期农耕文明。中国文化总的讲是农耕文明,定居是其标志,它决定了中国文化的基本特征。定居的结果就是周边全是熟人。因此,中国社会自古就是熟人社会。熟人社会通过血缘方式来进行文化构建,所以中国社会非常讲究血缘亲情,并由此产生了家族和家谱。家谱是家族的历史档案,人们通过家谱了解到一个家族的兴衰演变与迁徙发展。

南通先民在新石器晚期迁来南通的落脚地,是扬泰古沙嘴东部,海安、如皋西北区,即青墩文化区。从考古类型学比较推测,当时的青墩先民大多数由江南的苏、松、常迁徙而来。

迄今为止,在南通有文字记载以来的家谱中,最早迁徙来的是春秋晋国贾大夫至如皋东陈。由此拉开了南通人数千年的迁徙历史。

春秋至汉唐,如皋、海安、通州相继成陆。自贾大夫首迁如皋之后,石、常、陆、何、乐、许、吕、马、孙等数十姓氏先后来此定居。由于年代久远,一部分姓氏淹没于历史长河中,例如,胡逗洲的流人及古海门东布洲上的犯人,没有姓氏文献参考。现在发现的,有些仅出于传说,尚欠严谨考证。

五代以降,两宋、元、明、清直至民国,家谱史料基本完整可信,祖先迁徙路线比较清晰(参见附录一"南通人迁徙路线示意图")。综合而论,古代南通是主要的移民输入区,为开发性移民。先民迁通有以下五大特点:

一、江南移民占大多数。宋以前,来自北方与江南的移民基本相当。两宋直至元、明、清一千多年来,长江以南的迁通移民占80%左右。当然，若追根溯源，江南移民的祖先早年大多来自北方。

二、约半数移民通过苏州转迁而来。许多家谱上讲，他们是苏州阊门人。仔细考证，当时苏州阊门应该是安排迁徙移民的集合地或登记驿站，因其从苏州阊门经水路进入长江便捷，过江即到北岸的南通地界。从一些家谱上考查，当时江北的摩诃山、车马湖和狼山，可能是江北临时转迁地。一些家族在此短暂停留后，继续向通如等内陆迁徙，其中北三县尤多，他们日夜思念老家，做梦时都说"上苏州"。而海门及通东移民往往从苏南经过崇明中继（也有直达），最后登陆通海启地区。

三、移民成分复杂，各色人等皆有。迁通移民中有皇族后裔，如赵氏宗室；有士大夫世家后代如孔氏、管氏、仲氏、范氏；有名门望族如钱氏、吴氏、徐氏；有名将之后，如曹氏、符氏、白氏；有蒙古族汉化后裔如冒氏、保氏、达氏、马氏等；有文化名人之后，如胡瑗、朱熹后裔；有富商巨贾之后如沈氏、瞿氏；也有部分本地做官后不回原籍而留居者；有来通经商后落籍本地者。其他情况如为逃避繁重的赋税与徭役，苏松人移入崇明，后再迁通海地区；各地躲避战乱、仇家的逃难、逃亡人；沿海地区更多的是来通垦荒的拓荒人，1901年起，近30万海门人先后跟随张謇沿黄海岸线（向北直至连云港，他们基本上为贫困者，也无家谱相传，寻访困难）大垦荒。就各垦牧公司而言，通海垦牧公司垦民多自海门、启东迁来；大有晋盐垦公司垦民自海门、启东、崇明迁来；大豫盐垦公司垦民多自南通、海门、启东、如皋迁来；大赉盐垦公司垦民自南通、海门、启东迁来；通遂盐垦公司垦民自海门、启东迁来；大丰盐垦公司垦民自南通、海门、启东、东台迁来；大祐盐垦公司垦民自南通、海门、启东、崇明、扬州迁来；大纲盐垦公司垦民自南通、海门、启东、崇明、盐城、阜宁迁来；阜馀公司农户自南通、海门、崇明、宁波、萧山、杭州迁来（参见费范九《淡远楼丛墨》第457—467页）。概言之，这些移民已是具有江海地域特点的垦民与盐丁灶户，船家疍民。

四、移民文化多元。移民的不动产带不走，能带走的只有文化。有多少种移民，就有多少种文化。南通移民文化多元化是一大特点，也是江海文化独有的。多种文化在此相互碰撞，交流互鉴，是孕育产生江海文化的根源与基础。春秋汉唐五代北宋的迁徙者中，从山西、陕西、河南带来了中原文化；五代南宋以后，江南移民带来了吴越文化；元代至明初，蒙元降明之人入通带来游牧文化；作为滨海地区，有盐业文化及海洋渔业、海外贸易（交流）的海洋文化；晚清至民国，张謇引进的东西洋文化，在此地发生交融"通变"。自古以来，南通极少有土著人，它不同于内地，绝大多数居民都是外地迁徙而来，可以说南通是十分典型的移民城市（地区）。数千年的发展，南通从熟人社会进入"半生不熟"的社会结构，外来文化影响定居居民的思想范式和市场意识，形成了独有的迁徙文化及坚忍不拔的移民精神。

迁徙文化的特点是生人文化。生人文化靠契约精神，通过契约方式构建社会秩序。契约文明要求每个人都是独立的个体，独立自主的个体最显著的特征被西方思想家抽象为两个字——自由。所以自由精神是西方文化的核心价值。张謇祈通中西的"通变"精神，引领南通成为中国近代第一城，与南通多元文化的社会基础不无关系。

五、荣宗耀祖与再造辉煌。君子之泽五世而斩。列祖列宗业绩辉煌，那是先人的事。父亲再伟大，成长靠自己。在众多迁通家族中，不乏祖上是皇亲国戚、名门望族、文官武将、文化世家的人，但迁通以后，他们自己创业，在南通这块土地上再造辉煌，不辱先人之名，令人肃然起敬。例如如皋的胡氏（胡瑗）、王氏一门、冒氏家族，如东的管氏家族，通州的曹氏、孙氏，海门的崔氏（崔桐）、张氏（张謇），通城的顾氏、徐氏、李氏、袁氏、尤氏等在荣宗耀祖的同时，他们也为南通历史文化添光增彩。他们中并非都是名门之后，如张謇出身寒门，是奋发图强的典范。如今令人担忧的是，传统文化的传承式微，古代官员致仕后多叶落归根，会继续传承和传播优秀文化，今天，南通精英离开家乡后，多在大城市安家，对家乡的文化贡献远不及古人。

　　本书在撰写过程中得到南通市江海文化研究会及尤世玮先生的支持，南通市公安局提供诸多数据，在此一并致以谢忱。

附录

一、南通人主要迁徙路线示意图

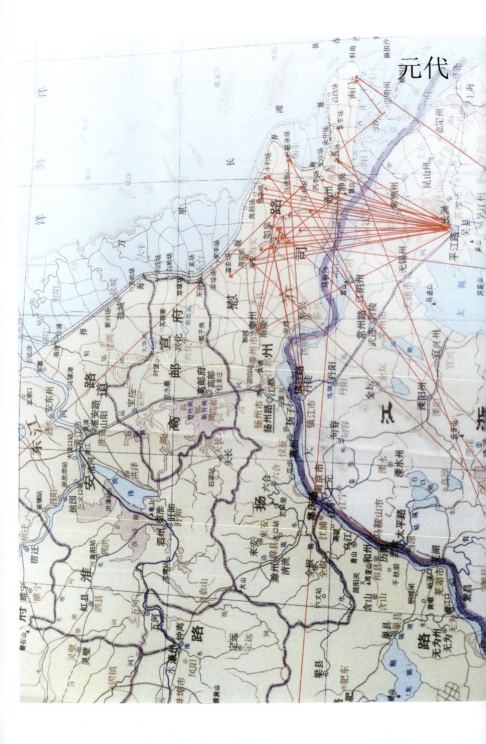

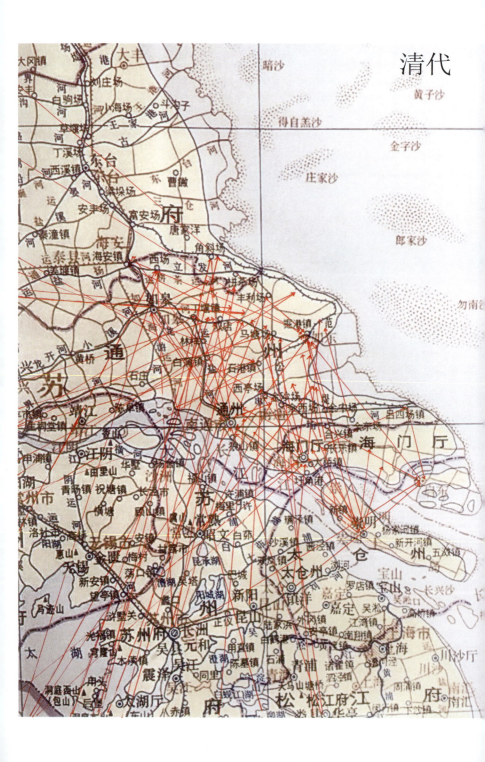

二、现存南通地区老家谱目录

  搜集家谱、族谱加以研究,可以知道人类社会发展的规律,也可为人文地理、聚落地理提供宝贵资料。
——毛泽东在1957年政治局扩大会议上的讲话
(摘自《毛泽东选集》第五卷)

  家谱与国史、方志构成中华历史大厦的三大支柱,是中华民族悠久历史的重要组成部分,是极为重要的历史文化遗产。这是一座需要加以发掘的历史文化金矿。自古以来,南通地理位置特殊,成陆时间不一。南通土著人极少,绝大多数来自全国各地。五方杂处,相互交融,构成了今天具有江海交汇特点的多元文化。

  近年来,国家十分重视传统文化的继承和发展,家谱研究和续修一度成为热点。然而由于破四旧和"文化大革命"的影响,绝大多数老家谱已被焚毁,现存南通老家谱为数很少。据初步统计,仅存三百部左右,且相当一部分残缺不全,有些已成孤本,这大大影响了江海地区家族文化研究,限制了众多家族的续谱进程。为此,笔者在参阅《中国家谱总目》的基础上,通过多年走访与调研,将全国乃至世界范围内现存的南通地区老家谱汇编成目,供有志于江海历史文化研究者参考,也为需要寻根问祖企盼归属感的南通人和续编家谱者提供方便。

（编者在搜集中先后得到朱国建、符学武、郭永华、顾颢、曹洪江及南通市图书馆古籍部的帮助,在此一并致谢。本文原载《江海文化研究》2018年第6期。现增补部分内容）

海安市

谱名	起迄年代	迁徙区域	收藏
陈氏家谱（26卷）	明初—民国	如皋丁堰→如东石甸→海安旧场。	私人
符氏宗谱（16卷）	明洪武间—民国	苏州→栟茶→角斜五总、八总。	私人
赵氏宗谱（18卷）*	1600年—1918年	镇江大港→海安城东（南屏村）、海安镇,如皋戴庄、柴湾等地。	私人
江苏海安吉氏宗谱	明永乐—清道光	苏州→泰州→海安、五房各10字命名。	私人
魏氏宗谱	？—1922年	清嘉庆由高淳迁如皋西场魏建功支。	私人
葛氏家谱*	南宋末—民国	扬州→如皋高港口→海安李堡。	私人
丁氏家谱	南宋末—民国	苏州→如皋（东皋）→海陵→如皋北门丁家巷→海安新生。	私人
景氏海安东乡支谱	明初—民国	苏州→海安立发。	私人
刘氏族谱（传经堂）	宋景定间—民国	苏州→邵伯→如皋水竹园→海安三丰刘家湾。	私人
韩氏家谱（12卷）	明初—民国	苏州虎丘→海安东庄、南庄。	私人
维扬泰州三塘吉氏族谱*	明永乐—清道光	苏州→墩头长塔村→胡集。	私人

谱名	起迄年代	迁徙区域	收藏
张氏宗谱	元末—民国十二年	安徽祁门→海安南莫。	私人
徐氏宗谱（东海堂）	明万历（1639）—民国	浙江兰溪→泰州→海安雅周。	私人
张氏宗谱（三十六册）	1353—1923年	苏州金阊→皋邑古鲜鱼庄（海安孙庄）。	私人
王氏家谱（三槐堂）	晚清—民国	东台东、西鲍庄→南莫镇。	私人
海安王氏族谱（8卷）	明季—清同治二年	安徽历溪→泰州→海安镇。	美国犹他
虎墩崔氏族谱不分卷（八册）	明初—清顺治	海安县（具体不详）。	河北大学
仲子世家谱*	明永乐—民国	苏州→泰州富安→海安西场。	私人
海安《梅氏家乘》（12卷）	元末—清光绪	始迁祖宗杰、宗达、宗善三兄弟元末自苏州阊门迁海安、东台等地。	私人（两套）
海安镇《徐氏族谱》	？—民国	存卷之中分德远、德高公支。	私人

注：打*星号者为已续新谱，下同。

如皋市

谱名	起迄年代	迁徙区域	收藏
东院王氏家谱（12卷）	明—清道光二十一年	始迁祖太乙，明代人。具体不详。	国家图书馆等
王氏宗谱（8卷）*	明季—20世纪	始迁祖万宗，原籍苏州阊门外，明季移居如皋城西三十余里之鲍庄。	上海图书馆

谱名	年代	始祖/始迁祖	收藏
石氏民籍族谱（6卷）	宋代—清咸丰三年	始祖徵，唐代人。始迁祖百一，宋代人。迁居皋南。	国家图书馆
如皋石氏家乘（20卷）	元初—1930年	始迁祖柱，字季邦，号北山。元初自丹徒迁如皋。	上海图书馆
许氏宗谱（40卷）（三十六册）	元—1920年	始祖将，字冲元，宋代人。始迁祖天祥，字吉徵，元代人。？→如皋柴湾。	南京图书馆
如皋范湖洲朱氏族谱（16卷）	元—1920年	宋高宗南渡时迁泰兴曹溪，名朱家巷。始迁祖士碧，元代人，徙皋南。此为朱显忠家谱。	中国社科院、山西家谱等。
任氏族谱（8卷）	明—1911年	始迁祖裕后，字良俊。明代自苏州迁居如皋任家庄。	上海图书馆、美国犹他家谱学会
任氏大宗谱（12卷）（续修如皋支系）	元—1924年	始迁祖华三，字封祝。元代人，迁徙不详。	国家图书馆、吉林大学
如皋西乡李氏族谱（12卷）	元末明初—1904年	始迁祖敬庵，号简斋。元末明初由姑苏迁如皋西乡。	上海图书馆、辽宁图书馆等
吴氏家乘（80卷）	元—清咸丰九年	始祖七四，元代人。始迁祖进，字子昇，明代人。元至正自苏州迁通州，徙如皋西厢。	南京图书馆等
如皋吴氏族谱（14卷）	明—清光绪八年	始迁祖成四，原籍苏州，避靖难迁如皋再分三支，有清初迁如东岔河者。	南京图书馆等
如皋吴氏家乘（30卷）（十四册）	明—1925年	先祖同上。	南京图书馆等
如皋吴氏族谱一册（存卷六）	明—清道光间	始迁祖茂芳。	上海图书馆

如皋沙氏世系略述一册	明—近代	始祖世坚,宋代人。始迁祖礼八礼九,明时移居如皋。后裔散居如皋及台湾地区。	美国犹他家谱学会
沈氏家乘（20卷）（十二册）	明—1794年	始祖天麒,自昆山迁嘉定大场镇,麒子钉字万四,迁石庄店,孙仁四又徙林梓,为林梓始迁祖。	上海图书馆
季氏世谱（12卷）（存卷二至十二）	元—清道光三年	始祖庆五,自常熟迁南通余西场。始迁祖守和,明初迁如皋掘港北直镇。	上海图书馆、私人
如皋宗氏家谱（20卷）	明—1921年	始祖道溥,五季之乱避居义乌沙溪。始迁祖安六、安七,明代人。迁如。	南京图书馆等
胡氏世谱（8卷）	宋—1916年	一世祖瑗,生于皋南。明一支再迁马塘。明初一支迁天生港。	上海图书馆、南京图书馆
胡氏支谱（4卷）（一册）	清—1947年	世迁祖清期,清代自婺源迁至如皋洋蛮河。	上海图书馆
海陵胡氏支谱（不分卷）	五代后周—1851年	始迁祖修已,五代后周时由润州迁如皋。	美国犹他家谱学会
冒氏宗谱（11卷）（河西版）	元末—清道光二十八年	始迁祖致中,原籍泰州,入明即定居如皋。分衍八支。	国家图书馆、南京图书馆
冒氏世谱（不分卷）（四册）	元末—1930年	先祖同上。续冒氏世谱长编。	中国科学院图书馆
如皋袁氏宗谱（18卷）（二十册）	明—1929年	始迁祖彬,谱称昌村公。明代人。成化间由江西新昌迁如皋东四十里大小袁庄→散居如东。	南京图书馆

谱名	年代	始祖/始迁祖	藏地
郭氏宗谱二册(存卷一至六)	元末明初—1780年	始祖绶,字君章。元末明初自山西太原隐居如皋。	南京图书馆
郭氏宗谱(23卷)	元末明初—1906年	先祖同上。	国家图书馆
如皋郭氏宗谱(14卷)	元末明初—1920年	先祖同上。	上海图书馆、南京图书馆
高氏宗谱(17卷)(二十册)	明—1921年	始迁祖习明,明代人。永乐夺位,避祸,由苏州阊门迁皋南。	河北大学、美国犹他家谱学会
如皋县东石家甸陈氏增辑宗谱(20卷)	元末—1851年	始祖和一,世居安徽祁门西乡。元末迁如皋丁堰塘。始祖重杰,再迁石家甸。	南京图书馆
如皋县东石家甸陈氏增辑宗谱(28卷)	元末—1907年	先祖同上。	辽宁图书馆、美国犹他家谱学会
如皋县东石家甸陈氏增辑宗谱(二十六册)	元末—1936年	先祖同上。	上海图书馆、南京图书馆
如皋章氏续修族谱(40卷)(五十册)	宋—1936年	始祖忠宪,字仲德。宋代人。始迁祖必达。明间迁如皋。	南京图书馆、私人
张氏宗谱(15卷)(二十册)	元—1828年	始祖福一,元代人。始迁祖贵四,自苏州齐门迁皋邑,分居双甸等地。	河北大学、山西家谱
如皋张氏族谱(11卷)	明永乐—1892年	始迁祖升山,原居姑苏阊门,因永乐兵燹,避居泰兴,后复迁皋北八里庄。	上海图书馆等
如皋张氏宗谱(存卷二十六、三十五)	明—民国	先祖同上。	上海图书馆

谱名	年代	内容	收藏
如皋冯氏宗谱（12卷）	元—1863年	始迁祖静山，元代人。元末自镇江金山卫迁丁堰北冯家堡。为皋东冯氏主源。	中国社科院、山西家谱
如皋县贾氏宗谱（15卷）	春秋—1865年	始迁祖南屏，春秋间迁如皋东（今东陈镇）后分衍东皋各地。	南京图书馆、私人
管氏宗谱（28卷）（二十册）	元至正—1926年	始迁祖重和，元至正十七年自常州移居如皋掘港场。	南通图书馆、上海图书馆等
郑氏宗谱（8卷）（八册）	明永乐—1856年	始迁祖克明，明永乐由歙县迁苏州，继苏州迁如皋白蒲镇西村。	南京图书馆
白蒲郑氏族谱（14卷）（八册）	明永乐—1926年	先祖同上。	国家图书馆、南京图书馆等
刘氏宗谱（25卷）（十六册）	明—1868年	始迁祖文，行辛四。明代迁如皋石港，后裔散居石港场等地。	美国犹他家谱学会、日本国会图书馆
皋东刘氏宗谱（20卷）	南宋—1896年	始祖基，家苏州，仕南宋扬子令。于端平间挈四子寓邵伯镇，景定三年再迁如皋。洪武间迁皋东。	四川图书馆、美国犹他家谱学会、哈佛大学
刘氏族谱（32卷）*	南宋—1926年	始祖同上。传至六世衍为十一房，散居如皋各地。	南通图书馆、上海图书馆
薛氏宗谱（不分卷）（存一册）*	明洪武—1853年	始迁祖安一。明洪武间自苏州迁居如皋薛家岸。	上海图书馆、私人
如皋丛氏宗谱22卷（二十五册）	元—1861年	始迁祖八五，字元季。元代人。	中国社科院、山西家谱、私人

顾氏家谱（12卷）（八册）	元季—清乾隆三十年	始迁祖太乙，元季自苏州阊门迁如皋居江斡之摩诃山下，三传至继昭公始迁白蒲。	中山大学图书馆、私人（白蒲）
葭埭顾氏宗谱（9卷）（二册）	明季—1887年	先祖同上。第十世莫，明季始迁葭埭。	上海图书馆
吴氏宗谱《吴氏世谱》（如皋东马湖吴氏世谱）	明初—1872年	始迁祖胜四，明初避战乱，由苏州阊门迁东马湖，再迁一支白蒲。	私人
吴氏家乘（82卷）	元至正—1859年	始迁祖七四，苏州人。元季避战乱迁通州→如皋西厢→白蒲。	私人
顾氏家谱	元末—民国	始迁祖太乙。元末由苏州迁皋南摩诃山→白蒲镇。	私人
李氏家乘	南宋—1893年	始迁祖李小十。宋高宗南渡后镇狼山营，金兵南侵后占籍皋南摩诃山→南峰庄（今九华镇）	私人
李氏宗谱	元季—1824年	始迁祖福二，元季迁通州西亭→如皋白蒲。	私人
徐氏家乘*	元末—1817年	始迁祖一元，元末避战乱隐居皋南摩诃山→皋南南腰庄。	私人
杨氏家谱*《杨氏族谱》（搬经）	明洪武—1838年	始祖东溪公，洪武间由苏州阊门迁如皋白蒲东乡→白蒲西乡。（另一支迁搬经为叔伯兄弟）	私人（两套）
朱氏族谱*	南宋末—1921年	始迁祖宝明，宋高宗南渡时隐居泰兴曹溪→芹湖→范湖洲→白蒲。	私人
曹氏家谱*	明景泰—1876年	始迁祖曹功治于景泰间由通州庆余场迁如城冒家巷。	私人
如皋张氏宗谱（42卷续1卷）*			常青镇、私人

刘氏家谱（12卷 续1卷）*			郭元镇、私人
蔡氏家谱（10卷 续3卷）*			石庄镇、私人
石氏家谱（10卷）	宋末—晚清	宋末石受卿之孙东晓，随宗人石柱避乱于如皋摩诃山下，卜筑江干，定居如皋。	吴窑镇、私人（两套）
汤氏家谱（12卷）			石庄镇、私人
朱氏家谱			石庄北街、私人
杨氏家谱（10卷）			石庄镇、私人
郭氏家谱（1卷）			郭元镇、私人
符氏家谱*	1682—1923年	始迁祖仲华于清初由南通汤头迁居雪岸何角。	私人
范氏家乘*	北宋—晚清	始祖仲淹，始迁祖和甫公支（淹裔孙）公仪迁居雪岸老范家庄。盛甫支居通城。	如皋博物馆
如皋何氏宗谱（12卷）	南宋末—民国	始迁祖孔庭公自常州迁黄桥镇，其十四孙一凤、一凰兄弟再迁如皋西北何彭庄。	私人（两套）
季氏宗谱（52卷）	南宋—光绪	南宋绍兴十九年六十世孙南始修家谱。六十七世孙万户任扬州学教，定居泰兴，分衍雪岸季家庄。	私人
冯氏宗谱（12册）	元末—民国	始迁祖冯静山，镇江金山卫→如皋丁北冯家堡。	私人
如皋章氏宗谱	光绪十七年续修		私人
季氏世谱（14卷）		如皋一诺堂	上海图书馆

谱名	时间	内容	存藏
邹氏族谱	元末—清末	自天锡公伯六公由姑苏始迁如皋，而后八世祖宁七公转迁泰兴鹅湖。除延陵外还有东皋、崇川等处。	私人
东皋赤岸乡徐氏家乘	明初—民国	明初始迁祖由昆山迁泰州，生五子，二、四、五支居柴湾，三支迁雪岸徐家楼分衍。	私人
陈氏家谱（颍川堂）	元至正—民国	始迁祖候远自安徽祁门迁丁堰茄儿园，其十三世孙康熙间由石甸迁丁西鞠庄村。	私人
如皋张氏宗谱	清—民国	始祖张主德，1897年修谱，涵盖皋南，张氏17世至28世计20代，衍于丁堰。	私人
如皋宗氏族谱	元中期—民国	元中期安七公由浙江金华迁如皋，后裔又迁皋南乡号墩及宗家老池。（丁堰）。	私人
如皋下驾原陈氏宗谱（12册）	元—民国	福建莆田陈肇衡元时迁皋南，为下驾原陈氏始迁祖。子陈应雷官平江路总管。	私人（三套）
张氏宗谱*	明初—民国	始迁祖均祥公自苏州阊门迁皋南鹅玩定居，分播如皋各地。	私人
邹氏家谱*	明初—光绪间	始迁祖宝成公自洪武间由江南迁皋南乡邹家园并分衍各地。	私人
朱氏家谱	宋—1857年	自宋宝明公迁居芹湖以来朱氏繁衍史。	私人
马氏家谱	明初—民国	明洪武至永乐间，马氏先祖西山常公后四世知公（真儒）率族人自苏州迁吴窑马家庄。	私人
刘氏家谱*	南宋—民国	始祖毅居开封。孙正夫南迁丹阳，九世孙士恭再迁皋南刘家湾，后分衍石庄、吴窑等地。	私人
东皋徐氏家谱	元末—民国	始祖为夏朝徐若木。如皋先祖徐积。一世祖徐一元，元末随父隐居摩诃山，后迁南腰庄。	私人

顾氏宗谱	明初—民国	始迁祖顾纯士,洪武丁丑年(1397)由苏州梅山迁如皋丁堰北三十里定居。明正德间→磨头顾家庄。	私人
陈官庄陈氏白公世系图*（陈氏家谱）（颍川堂）	明初—民国	苏州→下驾原→桃园镇。	私人
仇氏家谱*	明—民国	约于明代由苏州迁来桃园镇,民间有"先有仇家坟,后有如皋城"之说。现仍有400多年前的祖宗牌。	私人
阮氏家谱（18卷）	元—民国	始迁祖淑公700年前从浙江宁波至如皋做官,因战乱滞留建大阮官庄(今桃园镇)。	私人
陶氏家乘（24卷）	东晋—清光绪二十七年	谱从始祖陶渊明开编,有苏轼、苏洵、欧阳修题词。今桃园镇仍有后裔。	私人
如皋西乡陈氏宗谱	南宋—1916年	始迁祖昌隆率二子由瑞安来如皋西乡(袁桥)定居,分衍如城等地。	私人（两套）
李氏家谱	北宋末—清光绪十九年	始迁祖小十,官狼山营后占籍皋南摩诃山,后迁九华南峰庄(一甲、洋港)。	私人
如皋卢氏家乘	明初—民国	明初卢寿六带副官冯、刘由南京迁通州,居皋西五十里,后分衍江安、搬经、如城、海安等地。	私人
张氏宗谱*	明永乐—民国	明永乐中叶自江南奉旨迁皋东,再移典当张庄(常青镇),传至今已十六世。	私人
缪氏家谱*	元至正—1908年	元末后由栟茶先后迁至袁庄、高明等地。	私人
夏氏宗谱	明初—清同治	明初由泰州而迁如皋搬经、夏岱。分东西两支,分衍如皋东北雪岸夏家庄。	私人

谱名	年代	内容简介	收藏
王氏宗谱	东晋—清	先祖王裕生于唐昭宗龙纪年间，子孙迁如皋，北宋时一门四代六进士，一状元。后分衍东皋各地。	私人
戴氏族谱如皋支谱	南宋—1915年	一世祖敏才居浙江天台。六世孙厚避乱迁润东吴沙，九世迁海陵，后迁如皋东陈等地。	私人（两套）
钱氏族谱	五代—清同治	吴越王，尊为通如始祖，孙遇为迁如始祖，弟仲连五子分迁通州、海门等地。	私人
邓氏族谱	元末—清道光	元至正间邓氏由常熟（安二）偕三子迁阊门→泰州→卜宅东皋蒲塘之南。	私人（两种）
秦氏宗谱*（十册）	元末—1905年	元末先祖衍避元兵战乱自苏州阊门迁泰兴季家市。二世祖惺再迁皋北十三里港。九世祖椿居城北。	私人
沈氏宗谱	明初—1918年	始迁祖均璋公，永乐元年自苏州大汤镇迁皋南摩诃山竹排林，子孙分衍苏北各地。	私人
如皋爱莲堂周氏家谱*	明初—民国	平野公率子及丁、董、严等姓人氏避张士诚战乱，分迁如皋南、泰兴、泰州一带。	私人
如皋《佘氏家谱》	明—民国	先世为歙县人，后徙居皋邑，现城南（原建设乡）有佘家庄数十户。	私人
蔡氏宗谱（十九册）	元末—民国	始迁祖文四公，元末明初由泰兴迁皋南安定乡（如城南蔡家庄）。	私人（四套）
冒氏宗谱（河东版）	元末—民国	始迁皋邑桧，分衍六支，已传二十一世。	私人
冒氏宗谱（存卷九）	元末—民国	居如皋东陈、丁堰、林梓、薛家庵等地。	私人
如皋东乡吉氏族谱*	明初—清	始迁祖名佚，明初由苏州阊门迁皋东。	私人
如皋《倪氏宗谱》	明永乐—1921年	始迁祖倪东川、西川兄弟明永乐间迁如皋西乡申家庄。	私人

《皋东徐氏家乘》(缺卷一)	？—清咸丰	始祖徐积。	私人
如皋《蔡氏宗谱》	元明之际—民国	蔡文四联姻如邑故族贾氏，来此安家。	私人
如皋《葛氏家乘》		存卷三墓图。始祖葛国用。	私人
《东皋黄氏宗谱》	明嘉靖—928年	始迁祖黄恕，明嘉靖间由苏州迁如皋。	私人
如皋《章氏家谱》	明初—1936年	始迁祖千三及侄荣甫自姑苏迁如皋。	私人
皋北《赵氏宗谱》	明中叶—919年	始迁祖东溪、小溪、少溪，嘉靖前后避乱自镇江大港迁赤岸乡蔡子湾桥。	私人
如皋《万氏宗谱》	明永乐—民国	始迁祖万辅鉴，约永乐间迁如皋。	私人
《广陵(如皋)孙氏家乘》(六册)	宋元之际—1942年	始迁祖八三公宋元之际自苏州阊门教授海陵，而居如皋。(另有如皋同宗《孙氏家乘》，时间相当)	私人
如皋下驾原《陈氏宗谱》(12卷)	元—民国		私人
卢氏族谱(26卷)	？—1924年		私人
环氏宗谱(9卷)(民国油印本)	清初—民国	先祖居淮南，清初由镇江迁皋南环家庄。	私人
黄氏家乘	明初—1936年	先祖居徽州休宁之居安村，宋文疆为始祖，后寄籍苏州，明初再徙如皋南黄家庄，始迁祖珍。	私人

如东县

谱名	起迄年代	迁徙区域	收藏
洋庄吴氏宗谱	元末—清同治	元末一世祖仲方公率子孙由苏州至丹阳移苏北如皋吴家堰（河口镇中部）分居。	私人
如皋葛氏宗谱20卷（有残）	南宋—民国	始祖于南宋建炎三年（1129）镇维扬，二世卜居如皋治北20里高港口邑。（河口镇葛家兜）	私人
栟茶六总周氏宗谱	明洪武—民国九年	始祖万五公明初避乱徙入东台栟茶之六总，1902年再迁叶庄。（河口黄裕村）	私人
如皋范湖州朱氏族谱	明—民国九年	始迁祖于明代迁入范湖洲，清代再迁如东河口路家窑。	私人
栟茶蔡氏宗谱引卷（三十四册）	元末—1930年	元末由泰兴迁如邑栟茶场，后分衍石甸、白蒲等地。	南通图书馆
康氏宗谱	元—1898年	先祖九五、九六公于元时，自苏州吴县迁海陵，再迁如皋栟茶（今如东）入灶籍。	私人
王氏宗谱	宋末—清咸丰	始迁祖懋三，由泰州迁如皋十灶（袁庄）。	私人
栟茶四总周氏宗谱	明初—民国	因明初战乱由苏州吴江迁入南沙。	郭永华
双甸《孙氏宗谱》	明初—清光绪戊寅	始迁祖仁四，居苏州阊门外孙家桥，洪武赶散时迁如。	私人
管氏世家谱	元末—清末		如东档案
徐氏家乘	明永乐—清光绪	贵八公避靖难由昆山迁掘港。	私人
汤氏家乘			私人

谱名	起迄年代	迁徙区域	收藏
丰利《汪氏支谱》（6卷）	？—民国乙丑	始祖汪宪。其夫人项氏携二子自歙县孝□迁丰利。	私人
丰利《桑氏支谱》（6卷）	元末明初—民国	始迁祖桑荣，元明之际迁丰利。	私人
岔河《杨氏宗谱》	明中叶—道光	明中叶后由句容迁岔河。散居如皋、丰利等地。该谱为岔河支谱。	私人
丰利徐氏宗谱	明—民国	存卷七庄一公支，十六至十九世世系。	私人
苴镇《季氏世谱》	明初—光绪	始迁祖守和，明初由海门迁来。	私人
东社《陈氏家乘》	元末—清咸丰	始迁祖福三、福四，元末自山东莱州迁居掘港东社。	私人
岔河《汤氏家乘》（存10卷）	明初—民国	始祖宋进士汤凤。四世兴邦由苏州迁狼山北麓，兴邦七子巽迁如皋东村。	私人（三套）
丰利《马氏宗谱》*	永乐—1929年	始迁祖马昌自苏州阊门山塘街迁丰利。	私人
洋庄吴氏宗谱	元末—清同治	仲方公由苏州北渡分居堰上。	私人

崇川区、港闸区、通州区

谱名	起迄年代	迁徙区域	收藏
王氏宗谱	明永乐—1869年	始迁祖王子高，宋钦宗靖康元年（1126）避战乱徙苏州→通州石港。	私人
钱氏宗谱（锄经堂）（7卷）	明初—晚清	自钱塘于明初迁通州城西钱家园（单甸）后分衍海门、通州（金沙、兴仁）等地。	私人
曹氏宗谱	元末—晚清	始迁祖曹尧卿等由常熟迁余西场后分衍通州各地。	私人

谱名	年代	内容	收藏
崇川凌氏世谱	元末明初—清咸丰	先祖由湖北襄阳避战乱迁通州城。万一、万三分迁苏州、泰兴。	私人
潭渡黄氏族谱（15卷）	东汉元和年间—清雍正九年	安徽潭渡→南通州寺街。（附春晖堂世系表2册）	南通档案馆
丁氏宗谱（30卷）（存七、三十卷）	元—清道光五年		南通图书馆
丁氏宗谱（13卷）（十二册）	元—清道光十三年	始祖无考，行二，元代人，始迁祖普茂，字再昭，行正。	河北大学、山西家谱
丁氏宗谱（12卷）十二册	元—清光绪五年	始祖其祯，字余元，行二，元末避乱自苏州迁通州，后徙石港场南乡板桥山庄。	上海图书馆、美国犹他家谱学会
包氏家乘六卷	元—清嘉庆十一年	先祖居合肥大包村。南宋初迁高邮，元中叶裔孙宏徙通州。	上海图书馆
崇川朱氏宗谱（不分卷）（八册）	元—1917年	始祖忠七，元代人。始迁祖道兴，字兴周，明代人。	河北大学、山西家谱
崇川朱氏三庄宗谱（14卷）	元至正—1927年	始祖仲盟，元至正总领淮东路，卒于官。葬通州城南湾上。子正六洪武时占籍通州。	上海图书馆
通州李氏宗谱（4卷）（四册）	？—1791年		云南图书馆
通州李氏宗谱（6卷）	明洪武—清道光十年	始迁祖字景亨，授昭将军，明初由高邮移居通州。	上海图书馆、美国犹他家谱学会

谱名	年代	内容	收藏
通州李氏宗谱（10卷）	清康熙—光绪三年	康熙初由河南迁通城。	南通博物苑
东海堂徐氏族谱	明—民国	三世祖孝先。明末11世祖奉宁由通州迁范公堤北。	私人
孔氏世家谱			南通档案馆
孙氏宗谱（7卷）		（江苏南通）	上海图书馆
崇川镇场单氏宗谱（12卷）		上海崇明迁崇川。	上海图书馆
南通达氏家谱	明初—清末	元末兵败，伯颜改达姓，被遣通州屯垦。	私人
南通州西亭灶李氏宗谱（6卷）	元—清光绪八年	始迁祖行福二，元代人。	中国人民大学
沈氏宗谱（10卷）	明—1922年	始迁祖季立，字巎正，号序阶。明代人。	北京大学历史研究所
沈氏宗谱（六册）	明—1860年	同上。	国家图书馆、哈尔滨师范大学
余西场季氏世谱（14卷）（缺六、七）	明初—1823年	始迁祖守和，字通一。庆五曾孙。明初由余西场迁苴镇。（庆五自常熟迁通州余西场）	上海图书馆
马氏宗谱（7卷）	明—1921年	始祖宗，明代人。始迁祖普福。	南通图书馆、南京图书馆
崇川马氏宗谱（15卷）	元—1839年	始迁祖端香，元代人。清马宏琦等出是族。	南京图书馆

附录

谱名	年代	始迁祖	藏地
崇川徐氏宗谱（6卷）	元末—1813年	先世于，元末由高邮徙居通州。谱奉明人文爵（永封）为一世祖。	南通图书馆、上海图书馆
徐氏家谱不分卷（存三册）	明初—1915年	始迁祖自正，明洪武自泰州徙居通州（徐宗幹校勘本）。	上海图书馆
徐氏通城支谱（4卷）	明初—1932年	同上。	上海图书馆、南京图书馆
陈氏家乘（一册）（存卷一、二）	元—清嘉庆	始迁祖彦和，字世远，行福一，元代人。	中国科学院图书馆
陈氏家乘（16卷）	元—1856年	始迁祖福四，元代人。	中国科学院图书馆、私人
石港陈氏家谱（2卷）	明—1863年	始祖裕环，字玉宽，明代人。始迁祖君爱，字正禄，清代人。	中国科学院图书馆
孙氏迁通世系（不分卷）（抄本）	清初—1896年	安徽新安草市迁通宗系。始祖万登公于唐咸通十四年居徽休宁，25世元美迁通金沙。（孙儆之祖）	南通图书馆
新安迁通孙氏家乘（12卷）	清初—1927年	奉唐人万登为始祖。始迁祖受，字文正。清初由休宁之唐田迁居南通。	上海图书馆、南京图书馆
京江孙氏宗谱（1卷）	清—民国	始迁祖志岗，行一。清代人。	中国科学院图书馆
黄氏支谱（不分卷）（一册）（附黄氏家乘）	北宋末—清光绪	始迁祖彦随宋室南渡居句容，其子四、五耆公转徙崇明姚刘沙黄鱼朵，于乾隆四十七年再迁通州东汤家沙至光绪二十六年。	南通图书馆

曹氏宗谱（不分卷）（二十二册）	元末—1816年	同二甲《曹氏宗谱》。	南通图书馆
崇川城东太平寺张氏族谱（8卷）	明—1859年	始迁祖恕，字继宽，号云臣，明代人。	南京图书馆
通州张氏四修宗谱（20卷）	元季—1903年	始迁祖建，字惟贤，世为吴中右族。元季避兵乱由常熟土筑山迁通州金沙场。	上海图书馆
南通张氏常乐支谱（1卷）	元季—1921年	先祖同上。始迁祖建，十六世孙謇。其父彭年徙家海门常乐镇。	南通图书馆、南通博物苑等
南通张氏常乐支谱（8卷）	元季—1911年	世系始于第一世启祥，记事至1911年。	中国科学院图书馆
陆氏宗谱（6卷）（以文堂）			私人
通州单氏族谱（8卷）	明—清光绪	始迁祖纯前明迁崇川，至康熙始修谱。坟墓多在西郊永兴乡。传十八世后一支迁姑苏嘉定不详。	南通图书馆
冯氏族谱8卷（四册）	明初—1775年	始祖君宝，明初人。先世居金坛，后迁通州（金沙），分衍东西南北四支，冯鸾支最旺。	南通图书馆
冯氏族谱续编（10卷）	明初—1847年	先祖同上。	南通图书馆
冯氏族谱续编（10卷）	明初—1860年	先祖同上。	上海图书馆、美国犹他家谱学会
崇川蒋氏世谱（4卷）	明初—1878年	始迁祖觉惠与弟觉诚居南沙，即苏州常熟县。于洪武初分迁通州。分四房传十九世（祖坟在东门得胜坝）。	南通图书馆

谱名	年代	简介	馆藏
崇川赵氏祚德堂宗谱（不分卷）（六册）	元—1874年	宋皇室裔十六世孙孟坚子谦益公由广陈（今平湖广陈镇）迁通州居文安乡，是为迁通始祖，至同治已传二十一世。	南通图书馆
崇川刘氏宗谱（1卷）	？—清道光丁酉年	先世自江右徙居南通，名号无考，尊为始祖，道洪、道富为一世，尊为中祖。	中国科学院图书馆
刘氏宗谱（15卷）（存六一十五册）	明初—1870年	先祖杭州籍，世居江苏洞庭山，明初辛四公司盐务卒于任，为始迁祖。后子（孟七公）迁通右石港为二世。附吕四场三房一支。	南通图书馆
崇川钱氏世谱（不分卷）	宋—1763年	始迁祖仲鼎，举咸淳末解元，宋亡不仕。避地姑苏。德祐间兵燹后散居通泰高邮等地。	南通图书馆
崇川钱氏世谱（10卷）	宋—1827年	始迁祖仲鼎，字德钧，宋代人。	辽宁图书馆
崇川钱氏世谱（10卷附一家言12卷）	宋—1866年	先祖同上。	美国犹他家谱学会
钱氏宗谱（7卷）（卷之首）又名崇川钱氏世谱	南宋末—1888年	先祖同上。六世以上无征。始居通州城西单甸镇之钱家园。至十三世甫山公始纂家乘。	南通图书馆
钱氏宗谱（存五册）	五代—清	一世祖福清，十三世孙于宋建炎间迁通州朝京门内，后分衍海门等地。	上海图书馆
南通州东顾氏家谱（不分卷）	元季—1824年	先世居秦邮，元至正十三年避张士诚乱，偕兄弟四人并侄十一人迁通居州之东关。	云南图书馆
南通顾氏宗谱（10卷）	元末—1931年	始祖期视，汉代人。始迁祖昌，元末避兵乱自吴郡迁高邮，旋迁通州城西仓南家。	上海图书馆、南京图书馆
孙氏宗谱图咏（7卷）	清初—1929年	始迁祖云岳，清初由休宁之唐田迁居南通。	上海图书馆、南京图书馆

黄氏先芬录（不分卷）	清咸丰—1904年	主记清咸同间江南直隶通州名贤黄有衡之家世与事迹。	河南社科院
崇川保氏家谱	明初—1741年	先祖蒙古人，因平寇有功，明太祖赐"保"姓，后裔流寓南通州西垣。	私人
严氏富春堂家谱（六册）	明中—1869年	严子陵后裔第五十一世孙国礼，明弘治中由浙江富春江桐庐县迁崇川城东太平寺旁居。	私人
陆氏支谱*	明末—20世纪	明末陆氏瑞龄支族人，为避战乱，由苏州阊门迁如皋、海安一带，再迁港闸区闸西乡。	私人
戴氏家谱（四册）	明初—光绪	先祖新安隆阜一支于洪武间迁高邮，因溪蛮乱复迁南通戴家湾（今陈桥一带）。	私人
邱氏宗谱	元末—1824年	元末念八公自姑苏寄居崇川姜灶。明初入籍通城，后分衍金沙周边。	私人
喻氏家谱	元末—清咸丰元年	元至正间一世祖洪江公自江西新建官迁通州江场、余西场，后世分衍金沙周边。	私人
吕四留余堂彭氏家乘	明初—民国	该支尊彭延年七世孙彭子忠（宁波）为北迁东灶港、吕四彭氏开基始祖。其十四孙分衍金沙等地。	私人
南通葛氏宗谱*	清乾隆—民国	先祖被派驻平乱，于乾隆初由苏州迁通州观音山一带。	私人
卫氏宗谱（6卷）（八册）	元末—清道光五年	始祖泾，字载源，宋室南渡时迁昆山白茅。始迁祖发昆，元末由白茅再迁崇川金沙场。	上海图书馆、美国犹他家谱学会
镇氏宗谱*		镇氏宗族辑南通地区为第三十七分卷。	私人

谱名	年代	始迁及源流简述	收藏
白氏宗谱（六册）	南宋—清嘉庆	宋景定元年白继源戍通，遂居于五山前。又传唐中后分支洛阳，一支徙昆陵，一支徙崇川即大行始祖。	南通图书馆
赵氏宗谱（半部堂）	清中叶—民国	始迁祖自无锡迁石港，至今十世余。该支始祖为赵普子赵承宗之后裔。	私人
（金沙）顾氏宗谱（善庆堂）	元末—清光绪元年	始祖朴公恶兵火扰攘，顺流江北潜身崇川之东金沙场。	私人
赵氏宗谱（半部堂）*	明末—民国	拓展祖赵普九世孙赵渡，南宋时由浙江缙云迁崇明，为崇明始迁祖。明末江坍迁姜灶钩子河。	南通图书馆
崇川孙氏家乘	明末—民国	明万历初彦宝公自高邮迁通，世居东门湾子头。一门五代6人中进士。	私人
高氏宗谱（二十册）	宋—清光绪丙午	世居南京，因金陵寇乱，于明季由句容迁崇邑南北各沙。	郭永华
高氏宗谱（七册）	宋—清同治甲戌	同上。	郭永华
钱氏宗谱（八册）	元—清光绪戊子	南宋恭帝德祐元年，元宋两国于长江沿线殊死搏杀。南宋降将洪福发动兵变。钱氏散居通泰高邮。	郭永华
孙氏宗谱（十七册）	明—民国	始迁祖由浙江富春余姚迁入崇川。	郭永华
冯氏宗谱（八册）	明—清	不全。	郭永华
通州《杨氏家乘》（不分卷）	南宋初—清光绪	始迁祖杨廷玉，南宋初由句容迁崇明道安乡，后散居通海等地。	私人
李氏宗谱（支香堂）（6卷首1卷）（南通州西亭灶）	元末—清光绪三年	元末由江西丰城湖芒里迁通州西亭场，世居于此。	私人

葛氏族谱（12卷）（善庆堂）	明—清道光戊戌年	先人为秦将军葛婴，始迁祖仲章公于洪武初在苏州调整后，遂家于崇川。卜居于城东观音山。	私人
崇川朱氏宗谱（7卷）	明—民国	先祖汉时居山东滕县，后至沛县，北宋时移河南永城，南宋时迁徽州，明时迁靖江、泰兴，至七世孙迁通州朱大桥。后（前明自范湖洲迁籍通州）分衍刘桥、陈桥等地。	私人
姚氏宗谱（树德堂）（4卷）	明—民国三十年	原籍吴兴，明寄居姑苏阊门，明初渡江至延令卜居姚家埭，后散居各地（不详）。	私人
（金沙）顾氏宗谱（6卷）（善庆堂）	明—清嘉庆丁卯年	本广陵郡人，宋明分衍陕西、山东，原居扬州一支迁居苏州，至朴祖公移居崇川五狼山之东（洪武间）→海门，因江坍徙居观音山，后分衍兴仁、白蒲、崇明、江场、吕四、金沙等地。	私人
（金沙）顾氏宗谱（6卷）（善庆堂）	明—清光绪元年	同上。	私人
南通《杨氏家乘》	南宋初—清末	始迁祖杨廷玉，南宋初由句容迁崇明道安乡。	私人
通海《宋氏世谱》（不分卷）	？—清末	不详。	私人
通海《黄氏家乘》	？—清末	残本不详。	私人
崇川《葛氏族谱》（不分卷）	？—清同治	存卷分庭越、拱恩、道深、克美四公之后十三世系。	私人
崇川何氏家谱（研经堂）		先祖自江南迁通州城南，后徙西亭何家桥。	私人
朱氏家谱		该谱为朱氏石港及周边朱氏支谱。	通州区文博机构

海门市

谱名	起迄年代	迁徙区域	收藏
毛氏宗谱（存卷十一）	明洪武—1872年	始迁祖万五、万六，明洪武间自苏州洞庭迁居海门。（存卷为世系图）	上海图书馆
兰溪方氏重修族谱（8卷）	？—1866年	十世珍公之子自兰溪迁丹阳、泰兴、江都等地，后世子孙分衍海门等地。	美国犹他家谱学会
茅氏宗谱十三册（共五种 均不全）	？—同治	分为良羽后、召甫后、文华西元宪后世系等。良羽后居海门把掌镇南三里，召甫后居永安东北等。	上海图书馆
易氏三修宗谱（4卷）	明—1929年	始祖喜二，字路闻。始迁祖宁二，字世才，明代人。	南通博物苑、中国科学院图书馆
陈氏宗谱	清初—民国		崇明、启东档案馆
海门姚氏世谱（4卷）	明—1844年	始迁祖益龄，明代人。	中国科学院图书馆
秦氏族谱*	北宋—20世纪	始祖观，字少游，北宋人。第二十六世松明，光绪间自常州迁海门江家镇，为叔父承嗣，后居三和镇。	上海图书馆
黄氏家乘（存二册）		同南通图书馆。	苏州大学
张氏纂修宗谱（10卷）	明初—1922年	始迁祖元吉，原籍北直河间府故城县，明初避靖难之役，举家南迁通州海门县。	上海图书馆等

徐李氏宗谱（六册）	初唐—清道光	一世祖盖，二世祖懋功，唐高祖赐李姓，三世祖敬业偕骆宾王讨武不克，第三子迥入海陵白水荡。	私人
成氏宗谱（16卷）	元末—清光绪六年	江西丰城成氏仟七、仟八兄弟避元末战乱迁居海门滥泥港。后子孙衍及通州各地。	私人
王氏宗谱（12卷）	明末—清宣统元年	先祖自琅琊迁太康、嘉兴，明末清初由崇明迁海门天补、北新、川洪、和合等地。	私人

启东市

谱名	起讫年代	迁徙区域	收藏
石头镇李氏家谱	清末—当代	句容→太湖→货隆。	私人
陶氏宗谱	清末—当代	吕四→上海→美国（陶桂林支）。	私人
周氏宗谱	明初—晚清	苏州→吕四。	私人
朱氏宗谱	明—民国	?→吕四。	私人
陈氏宗谱	?—民国	崇明→海门、启东。	启东档案

南通市周边市县（含原辖）

谱名	起讫年代	迁徙区域	收藏
刘氏宗谱（4卷）		泰邑	私人
马氏宗谱		泰邑	私人

孙氏宗谱（12卷）		澄江	私人
朱氏宗谱		江都	私人
（延令）张氏族谱（4卷）	明永乐—咸丰七年	泰兴	私人
（延令）张氏族谱（4卷）	明永乐—同治十一年	泰兴	私人
（延令）张氏族谱（4卷）	明永乐—光绪二十五年	泰兴	私人

三、明清如皋基层管理与姓氏分布述略

（一）明清如皋县都图甲制举隅
——以如皋沿海乡为例

如皋于东晋义熙七年（411）辛亥建县时，境内同时还有蒲涛（古白蒲）、临江（古石庄）共从三个同等建制县。时如皋下设三个乡。

唐太和五年（831）析海陵5个乡，建如皋场。唐制100户为里，5里为乡，时共领5乡25里。

南唐保大十年（952）复升如皋场为县，仍辖5乡25里，乡名失载。

宋代如皋全县下设4乡，乡下设保，如皋城区设坊。时如皋城乡一带为赤岸乡。据故老相传，在沿海乡名之前曾称东海乡。余失考。

元代改保为社，余同宋代。时如皋已有沿海乡、赤岸乡之称，另两乡名不详。

明代之前扶海洲上有少数开垦自耕农民，系避乱逃难而困居此地，且无力再迁者。余多为灶籍盐民。元末天下大乱，张士诚起海上，据苏州为都，泰州为边境，如皋为里。元至正二十四年（1364），朱元璋派徐达全线东征，几经血战，打败占据苏湖淮泰一线13年的张士诚。随后朱元璋为了稳定东南，分批、分地、分时段地让江南诸省世家巨族到苏州阊门报到，分迁数十万人于苏北通泰淮盐广大沿海空旷地区，称"洪武赶散"，加上其后避靖难之役等原因，据不完全了解，自元末至明永乐间有70多个姓数百户，在60余年间直接或间接地移居皋东。

在移民的同时，为了增加朝廷的收入，朱元璋充分进行土地丈量和人口普查，强势完成了自中唐至元末600年间历朝政府没有做到的事。土地丈量后，所有逃税漏报的土地，政府全部登记完粮。土地按田亩面积方图，编列字号和田主姓名，编制在册，名叫鱼鳞图册。政府按册以定赋税标准。人口普查的结果，编成赋役黄册，把户口编成里甲，以满一百一十户为里，推丁粮多的地主十户作里长，余百户为十甲，每甲十户，设一甲首，以里长一人，甲首一人，管一里一甲之事，先后次序根据丁粮多少，每甲轮值一年，十甲在十年内先后轮流义务为政府服务，一甲服务一年，有九年可以休息。每隔十年，地方官以丁粮增减重新编订黄册，堪称与时俱进。在封建社会，这些制度对广大的自耕农民没什么好处，因为管理者是地主、官员，他们的子弟有钱读书受教育，通过科举成为官僚缙绅，获得非法的逃避租税的机会，以及合法的免役之权，而他们应尽的租税劳役则不合理地加在广大贫苦佃农身上。

明王朝为监视全国人民，制定了路引制度。军民人等凡是外出，均要通过各级管理机构办理身份证和通行证。没有路引就被捉拿送官，受责杖徒刑之罪，私渡关津者斩。故普通百姓基本被禁锢在百里之内，这也是皋邑掘港、石庄、西场巡检司的职责，里甲也被赋予辅助巡检司的工作。如果一里之间百户之内出了逸夫（无业危险人员），里甲坐视不报，邻里坐视不举，如逸夫犯罪到案，里甲邻里均要连坐。

始于元代的都甲制（明、清两代非官方的行政区划制度）在中国通行了600多年，是民间沿革相传习惯使用的一种行政区划，明、清时期使用最为广泛。其中阴阳先生使用最多，以致后来发展为阴阳通用（怕老祖宗找不到回家的路），在如皋是明洪武五年（1372）才开始规划，并逐渐实施的，按田亩置都图。明洪武九年（1376），如皋全县9 327户，34 640人。明永乐间遵循前制，县下设乡，乡下设都，都下设图，图下设里，一里十甲一百一十户。

　　如皋全县分设城厢（县城之内）、江宁乡（大抵含白蒲至泰靖界，城南至摩诃山江面界）、安定乡（大抵含如皋城西角、城西、城北柴湾西至泰兴界）、沿海乡（大抵为白蒲以东含林梓、丁堰、东陈、柴湾一线以东的旧如皋东乡境，包括现属通州的五窑等东西一线）、赤岸乡（大抵自立发桥、洋蛮河、丁所、雪岸至李堡一线的今海安县东南部及如皋东北部地区）。

　　此时如皋全境分设38里。

　　江宁乡4都9里：十二都3里，十四都2里，十五都3里，十六都1里；

　　安定乡4都7里：九都2里，十七都3里，十九都1里，二十都1里；

　　沿海乡4都9里：一都3里，三都1里，四都2里，六都3里；

　　赤岸乡4都7里：七都2里，八都1里，二十都3里，二十三都1里。

　　时未编制二、五、十、十一、十三、十八、二十二都，是预备日后添丁增田而保留。

　　另掘港场、丰利场、马塘场等合灶户6里，不在沿海乡4都9里民籍之内。清康雍时曾有调整。都图甲从明初一直沿用到民国初，近600年。自民国到20世纪80年代，该都甲制在如皋县应用仍是西多东少，由多渐少，有些家族仍然会在意支文书上，写如皋县沿海某都某图某甲人氏。在清代保留的民间契约文书中，起头多称"大清国通州（雍正之前为泰州）如皋县沿海乡某都某图某甲"。旧史书甚少记载此类基层组织，为了保存祖先原先之地的状态，不至忘却，录此以作文史资考：

一都二图四甲　石甸贾家庄移居袁庄。南十里贾姓。明代栟茶移居丁堰，清代再移居岔河南斜庄缪姓。

一都二图五甲　清前叶丁堰某庄移马塘，清嘉庆间再移岔北梁家桥梁姓。

一都二图九甲　双店丛家坝西北，清道光间湖北迁来褚姓。

一都六图四甲　林梓移石甸邵家庄吴姓。

一都三图六甲　东陈冯家堡冯姓。

一都三图七甲　石甸后张庄移丁堰明家庄张姓。石甸后刘家庄吴姓。石甸石家庄黄姓。袁庄时桥时姓。大约南北六里、东西四里范围。

一都三图八甲　沿南顾家渡江姓。

一都三图二甲　石甸大刘家庄石姓。丁堰、林梓交界处张姓。

一都四图四甲　袁庄罗家庄罗姓。石甸倪家庄倪姓。石甸后张家庄张姓。贾家庄贾姓。

一都四图五甲　石甸崔家庄崔姓。

一都四图七甲　石甸郑家庄郑姓、宗姓。丁堰宗家庄宗姓。林梓朱家庄朱姓。石甸刘家庄陶姓。林梓移马冯庄周姓。

一都四图八甲　石甸北黄家池黄姓。石甸北顾家庄顾姓。

一都四图九甲　石甸北张家庄陈姓。

一都五图六甲　清咸丰间柴湾逃荒居岔北张姓。清咸丰间柴湾逃荒至岔南史姓。

一都六图九甲　柴湾葛家溪移居景安葛家兜葛姓。

一都十图三甲　白蒲东钱家园(顾家高桥西南)。

一都十图六甲　双甸关帝庙前潘姓。

一都十图九甲　石甸倪家港倪姓、陆姓。石甸前陆家庄移丁堰东南新庄祝姓。

一都十图十甲　石甸前张家腰庄张姓。

三都一图一甲　汤园郭家庄刘姓。

三都一图三甲　汤园前李姓。

三都一图四甲　双甸丛家坝至岔河界丛姓。清道光间由潮桥南移丛家坝陈姓。

三都一图六甲　双甸华福庄前黄姓。

三都一图七甲　双甸前吴家小桥吴姓。石甸北七里半陶家庄陶姓。

三都四图八甲　马塘移双甸东葛家大场葛姓。

三都四图九甲　岔河西南横港桥清初四川移来黄姓。

三都五图六甲　岔北丛家庄丛姓。

四都二图二甲　景安冯家楼尤姓。

四都二图六甲　清咸丰间马塘后移衰庄罗碾头罗姓。岔南池房姓。

四都二图七甲　清咸丰间马塘移岔南黄家庄郭姓。清道光间掘港东入赘双甸任家旗杆房姓。

四都二图八甲　岔北万家庄刘姓。岔东金家夹路,东西合十里。

四都二图九甲　岔东纱帽池赵姓。岔南龙泉戴姓。

四都三图一甲　双甸北佘家庄延寿寺丛姓。

四都三图二甲　新店杨家深河移岔南白马庙东杨姓。

四都三图三甲　岔南程家老园程姓。

四都三图四甲　祠在岔河居五窑金家老园金姓(今属石港)。

四都三图七甲　岔南金家庙金姓，岔南周家庄周姓。

四都三图九甲　明末清初通州永兴乡十六都四图入册如邑汤园曹家庵邵姓。新店朱观堂居岔河西南朱姓。

四都四图四甲　汤园朱家庄尤姓。

四都四图七甲　汤园祝家套祝姓。

四都四图八甲　汤园鲍家祠鲍姓。

四都五图七甲　双南萧家长池萧姓。

四都六图二甲　岔北壬环穆姓，景安葛倪居佘家楼葛姓。

四都九图八甲　范湖州移居景安老鹳嘴朱姓。

五都一图四甲　岔东西起三里桥，东至张家庄潮桥界，曹、王、张等姓。东西六里，约在清乾隆间增加为五都。

五都三图七甲　岔南樊家涵洞口李姓。

五都四图三甲　双南陆姓。

六都一图一甲　明中叶居岔北平田前朱庄朱姓。岔北土山后柴湾清初移朱园朱姓。

六都一图二甲　岔北王家庵西北缪姓。

六都一图三甲　古坝坞子港后耿姓。

六都一图四甲　岔北五树张姓，双甸来。

六都一图五甲　岔北胡家老园胡姓。

六都一图八甲　古坝东南张家庄张姓。

六都一图九甲　岔北张家老园张姓。

六都四图一甲　岔东庄屋港范姓。潮桥南史家园史姓。南北相距五里。

六都四图二甲　岔东庄屋西陈姓。岔东洪家庄移岔南龙泉刘姓。

六都四图三甲　岔东张家庄北苏姓。潮桥韩家园移岔东王家庄韩姓。海门移潮桥丁家窑施姓。

六都四图四甲　潮桥周家园倪姓，马家高原支姓。

六都四图五甲　潮桥后陈姓，岔河南偏东十四里北兴桥印姓。

六都四图六甲　新店陈观堂陈姓。

六都四图七甲　岔河东北、西北两处叶家庄叶姓。相距七里。

六都四图八甲　古坝东南缪家庄葛姓。清道光间平潮移古坝东南朱家庄马姓。

从上列可见，明清两代沿海乡4都9里，民籍所涉如东县者有双甸、石甸、袁庄、景安、岔河三乡，古坝南片，新店、汤园、潮桥西南片等部分。范围东西不到五十里，南北三十余里，余多为6里灶户。上有几例相去较远者，系祖先数次移居，致使所属都图甲与所居之庄址不能相符。

（二）皋东及其周边姓氏源流述略

皋东泛指明清时如皋东部的沿海乡界，与时属泰州宁海乡二十九都的栟茶界。清咸丰之前如东县境内姓氏七成源自原属一县的如皋，及地理上相邻的通海及泰属邻县；三成由外省府州直接迁居本地。但凡居住在今如皋、通州、海门、海安等人口较多的所谓"土著"之姓，或多或少有互相迁居移居的现象。如东土著之姓徐、周、管、康、花、丛、符、桑等亦然。到明末，如东可考之姓男户有120多个，清代增至150多个，民国至今百余年又增至240个左右，其中现在有100多个姓有1~5人。

如东东部近海地区多为晚清崇海通启一带移民。近海北部等多为近百年间县内老姓分支移去，皆没有走访。本书仅以清代咸丰之前就已居如东的姓氏为主。旧一户可名渡桥，二户称圩荡，三五户称庄园，数十上百户建祠堂。依庄园祠渡等用姓氏命名的遗迹为支点，访其姓遗老故少，问贵姓三源，与乡野里居有缘之人面谈，补不问将失闻之事，然失缘者何其多，众多大姓未尽其善，尚须补遗，部分小姓不得其源，再难寻根。这次对一些大姓做了一个不算彻底的了解，再以各家谱志史书加以参考，为地方留少许可信之史，使本地百姓对自己的姓氏和祖先有一个初步的认识。再用姓氏互证邑内村落由来与迁徙历史，增补纠正一些地方文史方面的误解。通过一年多的走访，笔者只能说仅得一些相关信息，但有总胜于无。访问对象以70岁左右的男性为主，能说出己、父、祖、曾、高列代字派，仅忆得父祖者，其祖必须在清光绪年间出生。访问中多为缺头少尾字派。本文所录之姓俱在清咸丰间就已居如东县境。近古有各种原因，致使有十之二三用姓冠名的遗迹已无该姓，或已非同宗的本家居之，反之，也有一众同姓居于用别姓冠名之庄园中。

关于户籍。如东明代之前姓氏除本书记载部分外，有些无据可考。元至正间天下大乱。明洪武间苏州阊门集中移民，明朱棣兴师靖难并驱逐江南富户，致使苏南两浙、闽赣皖鲁等省居民纷来皋邑落户。初如皋居民分军、民、灶、沙等籍，掘港陈、双甸丛、袁庄袁等初皆军籍，后代有一宗皆要从军，余改灶、民等籍；岔河、双甸两地居民如花、金、张、吴等姓皆民籍；管、康、桑、葛等姓分居掘港场、栟茶场、丰利场、马塘场，则皆为灶籍。皋东海沙不似皋南江沙，故无沙籍。就是沙籍转居该地，皆以居地落籍。此外还有船户、匠户、僧道杂役等户籍。

关于家谱。初各地移民于原籍分迁时，部分带有本支忆志，也称意识簿、意支等，为追忆祖先名讳、字号配偶、兄弟子侄等家族信息的草志，始于北宋。在繁衍日众的太平时期，一些明初或更早迁来的家族，推选能干之人带忆志回原籍追宗溯源。用原籍大宗之谱直系一支续加本支始迁祖下各房宗系，称创修族谱。故一些家族能根据始祖追溯宋唐甚至更早，多是有据可查。当然也有不少家族附会名门。如同袁世凯附袁崇焕后代，成当时笑话。创谱之风多始于明嘉靖十五年（1536）礼部尚书夏言上书后。条件不好或族衍不众的家族多创谱于清康熙及晚清间，大多按历次做法事所积遗的意识簿上所载，按始迁祖往下接本宗各分支，按长幼次序论辈入谱。有少数姓氏因上距时间长等原因致其来源难详或持多种说法。一些元、明、清因避仇躲祸蛰居皋东者终身忌言原籍或改姓。少数势单力薄之姓，在明清两代改姓依附强姓。故此冒强势之姓也称奴姓，可见其艰辛。初虽冒姓不能与主姓同字派取名，时久日长，今已甚难分清。所以此等祖籍无考、源流不详者十或有二。另明末清初及后来迁移如东县者，部分自原籍带宗谱或意支过来。旧俗宗谱大多分发给长房保管，所以众多长房以外的子孙，虽名入谱册，却少有谱经其手。总体上来讲，自魏晋以来，中原及南中国汉族绝大部分百姓来源是可以考据的。晚清民国间，岔河汤氏印谱九十六部，双甸丛氏七十二部，袁庄袁氏八十部，沿南李氏一百部，都称得本县大户。少的人家仅印几部就用元亨利贞标注谱号，有的就仅手抄一部世系。到今天已不可再遇。笔者所了解到的如东县曾有一多半姓氏皆有各种宗谱、族谱、世谱、家承、家谱等传世，其中张姓最多，涉及如东县至少十多种谱系。现存涉及如东县的各种谱牒近二百部，境内曾有各姓宗祠、家庙等上百个。

  明清海门、皋南等数次大潮塌境数十里易地而居者；明清往来贸易者；明清之际外邑纷扰避难者；外邑大灾之年逃荒投亲靠友者；清咸丰间避乱逃难者；中华人民共和国成立前后因工作需要而定居如东者；跨地婚姻者；国家政策移民安境者或其他原因入迁者，都是如东县历次姓氏人口增加的因素。

  郡望与堂号 汉唐间郡望是衡量姓氏身份贵贱的标志。

在郡望上的姓氏身份与社会地位高于其他同姓,可以世袭居官成为名门望族。古代科举考试为表示公正公平,除限制江浙考生人数外,也会限制录取大姓,而按比例间或选拔一些在文学品行等方面比较出色的稀少姓氏之人成为进士。这少许人一经成名后,所居之郡便成为外郡同祖的嫡姓或为本地异姓所仰望,故称郡望。时天下之郡如今日之省,只有数十个,而姓却有上千个,所以一姓多郡、一郡多姓则常见。到明清时由稀及广使郡望演变为百姓堂号。明清两朝,本姓祖功宗德、雅闻美誉、异事奇物等皆能成为后人袭用的堂号。再有功名身份之族,标新立异之人,在明末至民国间,大多有自己独立的斋堂馆号,其源于百家杂说、三坟五典,不可细究,但总有源头。世德堂是全国使用最多的堂号。笔者知道已有三百多个姓曾经使用过。如东县使用的已知有二十多个姓,其本意用今天的话来说,是本姓历代先人对社会的贡献,使我们后代受到恩惠,这种精神将永远传下去。旧如皋百姓大多有各自的堂号,且桌椅几盘等生活用品上书写本姓堂名,比直书人名既雅且恭,而又方便邻里借用送还,故相沿而成习。本书所录堂号,多为谱牒所标或访问该姓长者所得,余不明者用该姓全国通用之郡望作堂号,以资参考。

  关于堂联。清康熙朝后期,社会上流行一种百科全书形式的《应酬汇选》和《甾青新集》,两书中分别有不尽相同的四百余姓,五六百种含本姓典故源流的对联。嗣后陆续有跟姓氏堂联相关的书籍流播民间。堂联又称家联、堂对或姓氏对联。隋唐时已见雏形。今试录两例:一、秦丞相之忠贞,谋吞六国;汉将军之雄略,勇冠三边。二、秦贲翦并吞诸侯,晋浑祥功格帝室。这两例是众多唐代铭文中的原句,是分别表达李、王两姓丰功伟绩的堂联雏形。堂联真正用于大门上,唐代始见,或许也为传说。公元873年至888年在位的唐僖宗李儇赐江洲义门陈氏门联：九重天上旌书贵，千古人间义字香。到宋至明前叶由稀稍增，明嘉靖后渐广。皋邑的百姓堂联有自己的特色，即多用郡望籍贯作世泽，功名逸闻作家声。如大门较高四字摆布不协调，则把上下联分增"远""长"两字为五字联。现在可集中作为地方文化遗产加以继承。初，此类对联始见于殷实功名之家，清嘉道及后百余年间，每逢新年，贫富不论，大门对联总要更新一次，而堂联内容基本不变，既增见识又光门面，百姓多乐而为之，遂成风俗。如今除少数大姓及本姓有心人外，很少有人能说出自家曾经用过的堂联。现多是与时俱进的标语口号联、语录诗词联、招财贺喜联，把姓氏对联挤兑得难见踪影。

  关于字派。字派难续者自明万历至清康熙间。如东西北部有多个姓用一至十而轮回，成为地方一奇。即使有谱之姓，清中期之前诸多姓氏字派纷乱无绪，甚至见谱中五服之内祖孙辈、叔侄辈用同辈字而取名者。昔泰兴萧氏曾有孙辈见到祖辈年纪差不多，大概字派又相同的而称其为哥哥。后族长知道，称其乱伦，被罚姓肖（不肖之意），开除出族，其子孙永不上谱。当然还有诸多不让上谱的原因。到清乾隆以后，各家创谱或续谱时，认识到错误，开始重新编订字派，才起到敦人伦、正本清源、论字排辈的作用。有多家字派排到数百年后。从字派中也可以看到部分迁徙的信息。如丰西一带陈姓用"三清开来泰"起头，就是让后代知道本姓陈氏是清代第三任皇帝雍正年间自泰州移居而来。由此推论，如东丰西、苴镇一带的刘姓其字派首句有"维思昭来泰"，抑或也是思念泰州老家之意。

  一个地方的姓氏堂号、堂联及字派代表一个地方的历史文化传承，是姓氏文化的重要组成部分，我们没有理由不尊重前人的智慧与历史。本书部分姓氏字派系通过口述记录，难免有错漏，或音同字异，名、字、号相混，叔侄辈颠倒等错误，仅作参考，还望知情者纠正。可喜的是，一些新续谱者，已经为今后子孙排定了后代字派，有些且与时俱进颇具创意。

（朱国建）

四、南通人姓氏人口分布表(2019年5月)

姓	数量	姓	数量	姓	数量
张	536666	钱	93499	龚	43083
陈	478005	袁	89501	唐	42018
王	389567	赵	85144	冯	41934
黄	254101	许	81363	江	39769
徐	243925	姜	71551	汤	39644
朱	242126	马	68955	严	39458
周	227193	高	68260	戴	39324
顾	224008	葛	64472	金	39012
陆	221966	倪	61622	崔	37964
吴	214063	缪	55157	夏	36626
李	213610	范	53193	谢	35979
刘	182364	薛	53128	俞	34361
杨	181170	何	50537	韩	31309
施	156245	秦	50358	邵	29671
沈	153917	宋	50052	郁	29550
曹	147417	石	46576	潘	29524
季	108859	郭	46400	陶	28158
孙	101983	姚	45019	邱	27538
丁	96213	蒋	44453	于	27285
蔡	93930	胡	43571	冒	27184

姓	数量	姓	数量	姓	数量
成	27067	仲	13354	景	6207
卢	26302	宗	13081	符	6125
章	22790	纪	12975	奚	6060
瞿	22324	梁	12829	杭	6017
彭	22080	尹	12593	祁	6001
茅	22060	罗	12454	卫	5934
吉	22025	邓	12138	左	5880
沙	21618	卞	11535	虞	5782
邢	20796	邹	11459	郝	5754
任	20663	郑	11392	颜	5630
管	20358	魏	11211	鞠	5104
毛	20333	花	10983	浦	4831
樊	20263	丛	10509	时	4684
林	19194	庄	10256	鲍	4526
苏	18910	方	10210	曾	4479
殷	17841	史	9561	阚	4450
储	17705	翟	9376	侯	4427
单	17681	凌	9233	羌	4412
田	17495	贾	8913	易	4279
包	17109	费	8651	傅	4146
仇	16183	桑	8573	白	3989
肖	15810	余	8280	熊	3848
董	14894	尤	8103	谭	3718
盛	14828	申	7602	韦	3611
程	14546	印	7450	居	3586
杜	13995	贲	7298	褚	3582
叶	13986	耿	7266	常	3560
汪	13896	梅	7258	孔	3486
吕	13852	佘	7001	司	3475
康	13699	於	6850	焦	3408
洪	13610	喻	6794	祝	3389
万	13408	孟	6615	刁	3355

姓	数量	姓	数量	姓	数量
鲁	3259	平	1825	谈	965
华	3184	丰	1725	达	904
濮	3160	支	1717	武	837
柳	3062	向	1705	雷	830
明	2940	闫	1697	闵	803
保	2829	屈	1692	路	796
解	2807	圣	1667	郜	735
钮	2750	宣	1566	荀	722
庞	2704	昝	1535	水	716
钟	2666	臧	1524	从	685
付	2563	窦	1523	伍	674
骆	2487	欧	1505	卑	669
裴	2450	邬	1488	冷	656
柏	2380	柯	1479	舒	622
房	2362	闻	1463	练	617
席	2336	镇	1441	安	616
翁	2304	帅	1375	匡	574
段	2293	阙	1300	戚	570
卜	2281	涂	1258	宫	561
环	2273	龙	1214	商	557
查	2183	温	1123	游	541
狄	2110	穆	1119	桂	533
项	2092	候	1110	荣	522
滕	2086	应	1084	生	521
阮	2079	廖	1070	展	499
童	2077	岳	1062	栾	485
娄	2069	闾	1052	雍	484
东	2041	郗	1046	凡	483
岑	1981	贺	1046	柴	478
乔	1908	戎	986	束	478
莫	1893	巫	982	詹	468
芦	1857	关	982	文	457

附录

243

姓	数量	姓	数量	姓	数量
甘	455	端	260	喜	155
芮	453	蒲	258	姬	152
吁	450	亢	256	鄢	152
聂	448	戈	252	裘	151
胥	445	皇	249	车	150
隋	443	祖	248	粟	146
黎	441	征	239	凤	142
代	433	甄	235	卓	141
艾	429	靳	221	元	138
政	425	偶	220	蒙	137
殳	421	密	218	谌	136
毕	416	饶	218	糜	135
兰	402	宁	218	腾	127
齐	384	浩	217	晋	127
米	379	茆	215	阳	113
蓝	378	厉	213	古	112
嵇	378	韶	209	苟	111
封	366	野	206	鄂	111
宦	365	沐	206	简	109
乐	357	牟	204	强	107
苗	355	赖	202	萧	106
谷	349	屠	195	岩	106
牛	335	阎	178	井	106
霍	332	佐	177	郎	103
惠	324	甫	177	郏	101
晁	317	堵	174	满	99
辛	313	曲	170	危	98
覃	313	晏	167	党	92
敖	296	全	166	计	92
诸	294	干	164	占	91
冉	271	拜	164	池	89
尚	267	仁	163	师	87

姓	数量	姓	数量	姓	数量
伏	87	铁	57	班	41
皮	86	营	57	盘	41
巩	86	羊	57	庙	40
相	84	苑	57	茹	39
连	84	经	56	赛	38
贡	82	言	56	昌	38
蒯	75	藏	55	彐	38
禹	75	咸	55	扬	38
朴	74	鹿	55	盖	37
燕	72	边	55	母	36
智	71	步	54	贝	36
仝	71	习	53	都	35
俦	69	潭	53	思	35
佟	69	云	53	年	34
楚	68	廉	52	山	33
宓	67	信	51	税	33
楼	67	郗	50	崇	33
通	66	蔺	50	过	33
菊	66	弗	50	令	33
宜	66	荆	49	别	32
薄	66	笪	49	邸	32
普	65	漆	47	衡	32
麻	64	海	47	宰	32
竺	63	仰	47	丈	32
权	63	栗	46	和	32
伊	62	卿	46	乌	32
冀	62	寇	45	豆	31
南	61	郦	45	农	31
迟	60	营	44	眭	31
官	58	索	43	邝	30
开	58	刀	43	仓	30
苍	58	况	41	原	29

245

姓	数量	姓	数量	姓	数量
位	29	团	21	奉	16
阿	29	稽	21	汝	16
湛	28	钦	20	疏	16
斯	28	银	20	訾	16
鲜	28	玉	20	忻	16
昝	28	神	19	檀	16
巴	28	壮	19	初	16
沃	27	宿	19	荷	16
释	27	伟	19	藤	15
幸	27	谯	19	桓	15
渠	27	阴	19	庹	15
辜	26	溪	19	慈	15
扈	25	晨	19	尉	14
尧	25	迮	18	巍	14
庚	24	超	18	寿	14
宇	24	揭	18	刑	14
随	24	衣	18	律	14
木	23	琚	18	德	14
靖	23	麦	18	门	14
但	23	校	18	渣	14
理	23	泮	18	秋	14
恽	23	赫	17	先	14
隆	23	户	17	薛	14
来	23	劳	17	天	14
公	23	寸	17	宛	13
梁	23	佣	16	红	13
敬	22	承	16	操	13
充	22	未	16	丘	13
修	22	雏	16	蔚	13
富	22	夷	16	逯	13
亓	21	乙	16	勾	13
国	21	苌	16	利	13

姓	数量	姓	数量	姓	数量
小	13	隽	10	辅	8
越	13	裔	10	延	8
慕	13	冬	10	资	8
毋	12	戢	10	雨	8
妙	12	宝	10	嬴	8
正	12	旺	10	嘉	8
哏	12	朋	10	法	8
战	12	哈	10	卡	8
光	12	须	10	呼	8
补	12	仵	10	潮	8
轩	12	员	10	皋	8
谬	12	望	10	台	8
英	12	青	10	宾	8
上	12	宏	10	永	8
鱼	12	移	10	荡	8
藩	12	洛	10	克	8
冲	11	吏	9	催	8
郇	11	召	9	涂	8
杲	11	仉	9	刚	8
蹇	11	朗	9	容	8
纵	11	籍	9	自	8
巢	11	扶	9	庆	7
种	11	才	9	雪	7
线	11	汲	9	彦	7
那	11	排	9	祈	7
后	11	矫	9	善	7
名	11	踪	9	繆	7
玄	11	慎	9	潜	7
西	11	太	9	字	7
巨	11	树	8	由	7
晓	11	伯	8	邴	7
力	10	观	8	次	7

姓	数量	姓	数量	姓	数量
良	7	寻	5	堂	4
怀	7	俸	5	新	4
杏	6	茶	5	芷	4
徒	6	还	5	拥	4
子	6	茌	5	念	4
库	6	慧	5	逢	4
春	6	佰	5	乃	4
颉	6	将	5	者	4
羽	6	赵	5	羿	4
茬	6	依	5	帕	4
千	6	助	5	酒	4
历	6	绪	5	育	4
襟	6	锁	5	钞	4
逢	6	旷	5	招	4
百	6	励	5	觉	4
化	6	逸	5	贵	4
陇	6	揣	5	悟	4
独	6	冶	5	香	4
玛	6	维	5	侣	4
区	6	邾	5	佳	4
传	6	牧	5	黑	4
淦	5	夭	5	俤	4
弋	5	布	5	格	4
丕	5	回	5	依	4
珠	5	欣	5	寒	4
瑜	5	丹	5	奔	4
犹	5	降	5	多	4
月	5	泽	5	会	4
双	5	乾	5	颟	4
盈	5	吾	5	大	4
可	5	冠	4	僧	4
学	5	掌	4	莳	4

248

附录

姓	数量	姓	数量	姓	数量
怕	4	恩	3	珍	3
首	4	仙	3	筱	3
乘	4	革	3	篮	3
陆	4	府	3	綦	3
澎	4	二	3	笑	3
岁	4	庚	3	昊	3
睢	4	鹏	3	旻	3
湖	4	介	3	勇	3
雎	4	阔	3	济	3
卯	4	丑	3	淳	3
矛	4	伦	3	滑	3
闪	4	锦	3	枚	3
朵	4	远	3	奇	3
呙	4	道	3	梦	3
炎	4	产	3	楮	3
岂	4	雄	3	焉	3
灵	4	隗	3	本	3
问	4	顺	3	末	3
亚	4	恒	3	火	3
庭	4	建	3	滚	3
闺	4	志	3	杞	3
弓	4	长	3	澄	3
唱	4	锡	3	纽	3
露	4	主	3	家	3
义	4	酆	3	接	3
旦	4	贞	3	莆	3
早	4	留	3	胜	3
淡	4	晚	3	俊	3
鑫	3	星	3	艺	3
负	3	畅	3	芳	3
钲	3	吝	3	苓	3
仆	3	有	3	能	3

249

姓	数量	姓	数量	姓	数量
绍	3	宪	2	杰	2
猴	3	努	2	钏	2
蓬	3	尼	2	板	2
行	3	兆	2	松	2
虢	3	伞	2	迪	2
儒	3	俱	2	栋	2
剑	3	岱	2	运	2
耀	3	买	2	桃	2
四	2	同	2	郅	2
么	2	另	2	邰	2
喇	2	岐	2	郏	2
峏	2	寄	2	查	2
嘎	2	樵	2	芈	2
倐	2	榆	2	益	2
央	2	起	2	禄	2
尘	2	橐	2	脱	2
一	2	辉	2	瘆	2
奈	2	辰	2	番	2
俞	2	植	2	盆	2
坤	2	森	2	皓	2
姓	2	河	2	粘	2
土	2	贤	2	类	2
奠	2	豹	2	纲	2
夕	2	泉	2	续	2
垚	2	民	2	肇	2
库	2	殴	2	福	2
北	2	汶	2	绳	2
伋	2	汉	2	耶	2
及	2	鉴	2	虎	2
洗	2	果	2	灰	2
加	2	柘	2	照	2
屯	2	采	2	热	2

姓	数量	姓	数量	姓	数量
诗	2	颖	2	罕	1
洑	2	院	2	群	1
阎	2	悦	2	缴	1
涵	2	鸿	2	缺	1
甯	2	魁	2	矗	1
瓮	2	昂	2	下	1
苹	2	静	2	职	1
茌	2	是	2	聪	1
琦	2	昕	2	鸣	1
爱	2	帖	2	绕	1
荔	2	懂	2	络	1
琳	2	萩	1	前	1
钰	2	荚	1	结	1
撒	2	八	1	继	1
序	2	茂	1	黄	1
忠	2	莘	1	绞	1
戒	2	葡	1	默	1
提	2	六	1	肽	1
音	2	葉	1	具	1
闭	2	非	1	其	1
懈	2	乂	1	芶	1
广	2	莊	1	典	1
闷	2	菁	1	苇	1
防	2	菲	1	苦	1
归	2	傲	1	业	1
拉	2	页	1	飞	1
风	2	荐	1	冈	1
拓	2	鞠	1	骄	1
录	2	菜	1	富	1
顿	2	萨	1	冰	1
心	2	允	1	胤	1
把	2	茸	1	馨	1

附录

251

姓	数量	姓	数量	姓	数量
芙	1	仪	1	贫	1
致	1	仨	1	谊	1
臻	1	重	1	雅	1
葭	1	镡	1	例	1
送	1	酉	1	语	1
逍	1	開	1	作	1
闸	1	伲	1	陕	1
阁	1	許	1	陳	1
阅	1	记	1	貟	1
闬	1	俅	1	姬	1
邦	1	俄	1	姝	1
五	1	供	1	柱	1
迦	1	诚	1	村	1
书	1	证	1	婳	1
跑	1	侣	1	妃	1
跃	1	乎	1	如	1
乡	1	雯	1	柒	1
予	1	融	1	桦	1
阕	1	蒿	1	枭	1
踞	1	蕴	1	完	1
阜	1	俎	1	晟	1
钿	1	见	1	昀	1
仕	1	褶	1	日	1
钊	1	要	1	旮	1
他	1	赧	1	孝	1
钭	1	乜	1	朝	1
今	1	贴	1	曼	1
仑	1	赢	1	暨	1
钢	1	趋	1	暴	1
铙	1	伶	1	墨	1
亦	1	赴	1	增	1
以	1	陀	1	槐	1

姓	数量	姓	数量	姓	数量
棘	1	己	1	博	1
楊	1	廓	1	祭	1
堪	1	弥	1	祀	1
殿	1	度	1	磨	1
歧	1	幺	1	社	1
墙	1	底	1	甲	1
塞	1	改	1	电	1
奘	1	放	1	叫	1
奕	1	攸	1	璩	1
栅	1	捷	1	甜	1
好	1	宴	1	皎	1
奥	1	旗	1	盼	1
梧	1	定	1	厥	1
梶	1	数	1	界	1
桥	1	效	1	县	1
奏	1	敢	1	劢	1
枰	1	寨	1	系	1
无	1	抒	1	箫	1
快	1	对	1	竟	1
恢	1	惟	1	竹	1
彼	1	扎	1	剡	1
彤	1	振	1	细	1
彪	1	宽	1	剧	1
悠	1	持	1	劉	1
尔	1	拖	1	剪	1
恰	1	拾	1	科	1
尢	1	坚	1	稂	1
尝	1	矣	1	秀	1
岜	1	硗	1	褚	1
希	1	睿	1	襉	1
巾	1	督	1	立	1
川	1	睦	1	劲	1

姓	数量	姓	数量	姓	数量
窠	1	沭	1	瑾	1
稍	1	沣	1	琴	1
空	1	圩	1	玲	1
璞	1	求	1	珙	1
唯	1	洒	1	呤	1
浏	1	啸	1	灶	1
流	1	喆	1	澹	1
啜	1	泷	1	滁	1
洗	1	洋	1	演	1
品	1	玎	1	然	1
渝	1	吐	1	吹	1
哇	1	猴	1	呆	1
哑	1	启	1	告	1
淤	1	君	1	呈	1
沧	1	瑚	1		